교실에서
평화 시민 되기

초등 교사를 위한 평화·통일교육 10피스

교실에서
평화 시민 되기

윤철기 간우연 김햇살 김혜린 신혜선 심은보 유혜정 이지우 정서영 조성민 최혜림 지음
서울교대 통일교육선도대학사업단 기획

창비교육

평화 시민으로 자라는 교실

평화·통일교육은 남북한 관계와 동북아시아 정세에 영향을 받을 수밖에 없는 교육이다. 그런데 남북한 관계와 한반도를 둘러싼 동북아시아 정세는 시시각각 변할 수밖에 없다. 남북한은 물론 주변 4개국은 이데올로기적으로 상이하며, 지정학적으로 그리고 지경학적으로 상이하거나 때로는 상호 대립적인 이해관계를 갖고 있기 때문이다. 이처럼 이념과 이해관계는 상이한 반면에 국가 능력은 비교적 대등하다. 국가 능력의 측면에서 보면 미국, 중국, 러시아는 세계 최고 수준의 군사 강국이고 미국, 중국, 일본, 한국은 세계 최고 수준의 경제 강국이다. 이러한 상황은 동북아시아 내부의 이해관계 충돌을 더욱더 첨예하게 만든다.

한반도를 둘러싼 국제 정세가 난맥상에 부딪히거나 남북한 관계가 경색되었을 때, 평화·통일교육에 대한 관심은 현저히 떨어진다. 특히 북한이 미사일 실험과 같은 도발을 하면, 남북한 관계의 군사적 긴장이 고조되고 평화·통일교육은 당연히 안보교육이 되어야 하는 상황이 만들어지고 만다. 남북한의 대립과 긴장이 고조되는 국면에서 평화나 통일을 이야기하는 것은 사실 쉽지 않은 일이다. 학습자들은 이미 미디어를 통해 북한을 경계해야 한다는 생각을 갖고 있을 가능성이 높고, 자연스럽게 평화·통일교육의 필요성에 대해서 의문을 제기하는 경우가 발생할 수 있다. 반면에 남북한 정상 회담이 개최되고 남과 북이 교류와 협력을 확대해 나가는 국면에서는 평화·통일교육에 대한 관심

이 갑작스럽게 매우 높아진다. 무엇보다 교사들의 관심이 높아지는 모습을 볼 수 있다. 다가오는 통일을 준비해야 한다는 생각 때문이다.

또 평화·통일교육에 정치적 욕망이 투영되는 경우도 적지 않다. 정부가 바뀔 때마다 대북 정책이 달라지고, 이 기조는 결국 평화·통일교육에 반영되어 왔다. 어떤 정부에서는 안보가 강조되었고, 어떤 정부에서는 평화가 강조되었다. 한국 정치의 양극화가 평화·통일교육의 양극화를 초래했다고 해도 과언이 아니다. 안보가 강조되었을 때는 대부분 남북한의 군사적 대립이 강화되었던 시기였고, 평화가 강조되었을 때는 남북한의 대화와 협력이 이루어진 때였다. 정부가 교체될 때마다 평화·통일교육의 강조점이 달라지면, 교사들은 혼란스러울 수밖에 없다. 정부의 정책 기조에 어떠한 변화가 있는지 촉각을 곤두세워야 하기 때문이다. 물론 학습자들의 혼란 또한 더욱 가중된다. 정부가 교체될 때마다 교육 내용이 변화하면 학습자들은 이 사실을 곧 깨닫게 되고, 현재 강조하는 내용이 정권이 교체되면 또 달라질 것이라고 생각하기 마련이다. 지금은 중요하더라도 정치적 상황에 따라 미래에는 중요하지 않을 수 있다는 것을 알게 되는 것이다. 교육자와 학습자의 혼란은 교육의 효과성에도 영향을 미칠 수밖에 없다. 젊은 세대의 이른바 '통일 인식'이 사회적 이슈가 될 때마다 평화·통일교육의 효과성에 대해 문제 제기가 되고는 하는데, 사실 교육의 효과성은 정치로부터 자유롭지 않은 교육 현실을 감안하면 평화·통일교육만의 책임이라고 하기 어렵다.

평화·통일교육은 국내외의 정치적 변동과 상관없이 일관되게 평화 시민을 육성하여 한반도에서 평화의 문화를 구축하고, 평화적이고 민주적인 통일을 준비해 나가는 데에 기여해야 한다. 그렇지 않으면 정치적 변동에 따라 평화·통일교육이 극단적으로 달라지는 일이 발생하게 될 것이고, 이로 인해 교육자와 학습자들은 정치권의 눈치를 봐야 하는 상황이 연출될 수 있다. 이러한 교육은 분단 극복과 평화적이고 민주적인 통일에 기여하기 어렵다. 물론 결과적으로 학습자의 통일 의식 고양에도 도움이 되지 않을 것이다.

그래서 우리는 대내외적 정치 변동과 상관없이 일관되게 한반도 평화와 통일의 주체인 평화 시민을 육성하기 위한 교육이 필요하다는 점을 강조하고자 한다. 대한민국의 어린이들을 평화의 가치를 이해하고 실천하며 스스로의 힘으로 미래의 평화를 만들어 나갈 수 있는 역량을 갖춘 평화 시민으로 육성하기 위해서는 이들을 교육할 교사의 역량과 역할이 중요하다. 그런데 교사들의 입장에서 도덕과와 사회과를 중심으로 진행되는 평화·통일교육 시간은 매우 제한적이다. 따라서 흔히 말하는 비관련 교과에서도 교사들이 평화·통일교육을 할 수 있도록 현직 초등 교사들이 함께 머리를 맞대고 '초등 교사를 위한 새로운 수업 안내서'를 제작했다.

이 책이 교사들의 평화적 리더십으로 어린이들을 평화 시민으로 육성하고 평화의 문화를 구축하여 한반도에서 아래로부터의 평화가 정착되는 데에 작은 힘이라도 보탤 수 있기를 기원한다.

서울교대 통일교육선도대학사업단

단장 윤철기

차례

그림책을 읽으며
평화를 상상해요

초등학교 5~6학년군 국어 교과에서는 '온작품읽기'(한 학기 한 권 읽기)가 별도 단원으로 편성되어 있어요. 이 시간에 평화·통일교육에 적합한 문학 작품을 선정하여 함께 읽어 보는 활동을 한다면 국어 교과와 평화·통일교육의 효과적인 접점을 찾을 수 있으리라 생각해요. 학생들은 배움의 주인공이 되어 문학 작품이 걸어오는 이야기에 질문을 던지고 공감할 수 있을 거예요. 더 나아가 상상하는 활동들을 배움의 속살로 엮어 가면서 평화·통일의 시대를 열어 갈 주인공으로서 갖춰야 할 역량들을 자연스레 체득할 수 있는 기회가 될 거예요.

#그림책 #숨바꼭질 #순득이 #뜨거운의자 #역할극 #평화로운세상

들어가기

　이 수업에서는 《숨바꼭질》이라는 그림책을 활용한 '온작품읽기' 활동을 해 본다. 이 그림책의 글은 '순득'이라는 똑같은 이름을 가진 두 어린이가 숨바꼭질을 하는 이야기가 전부이다. 하지만 그림은 전쟁으로 인한 피난 과정과 그로 인한 이별 이야기를 차근차근 펼쳐 나가고 있다. 이러한 글과 그림의 절묘한 만남은 씨줄과 날줄이 되어 학생들에게 그들의 공간을 내어 준다. 이 공간에서 학생들은 직접 이야기 속의 주인공이 되어 묻고 공감하고 상상해 나가는 활동을 해 볼 수 있다.

　1차시의 ❶ 그림책 함께 읽으며 질문 찾기 활동은 《숨바꼭질》을 함께 읽는 과정으로, 이 수업의 시작이다. 그림책을 읽으며 함께 질문을 찾아보면서 이야기를 좀 더 입체적으로 파악하게 된다. 직접 그림책 속 등장인물이 되어 보는 ❷ '뜨거운 의자' 활동하기 활동에서는 등장인물의 상황과 마음에 깊이 공감하는 과정을 경험해 본다. ❸ 인물에게 해 주고 싶은 이야기 쓰기 활동에서는 인물의 상황과 마음에 대한 공감을 바탕으로 각자 상상하며 가상 상황 속에서 편지를 써 보고, 2차시의 ❶ 또 다른 순득이 찾아보기와 ❷ 역할극하기 활동을 통해 역할극을 해 보며 주어진 이야기에서 한 걸음 더 나아간다. 끝으로 ❸ 평화로운 세상 상상하기 활동에서는 전쟁으로 인해 고통과 어려움을 겪었던 순득이와 같은 사람들에게 평화란 무엇인지 생각해 보고, 평화로운 세상을 위해 필요한 것은 무엇일지를 상상하며 자유롭게 표현할 수 있는 기회를 가져 본다.

수업 한눈에 보기

주제	그림책 《숨바꼭질》을 읽고, 등장인물의 상황과 마음에 공감하며 평화를 상상하기	
1차시	그림책 《숨바꼭질》을 읽고 등장인물의 상황과 마음에 공감하기	❶ 그림책 함께 읽으며 질문 찾기
		❷ '뜨거운 의자' 활동하기
		❸ 인물에게 해 주고 싶은 이야기 쓰기
2차시	역할극을 통해 인물의 상황과 마음을 느껴 보고, 평화로운 세상 상상하기	❶ 또 다른 순득이 찾아보기
		❷ 역할극하기
		❸ 평화로운 세상 상상하기

① 그림책 함께 읽으며 질문 찾기

♣ 그림책《숨바꼭질》의 표지를 보며 함께 이야기를 나눠 봅시다.

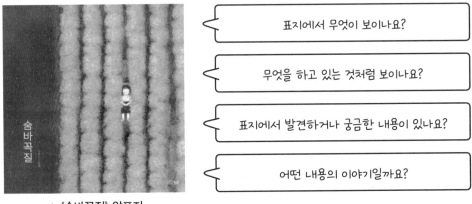

표지에서 무엇이 보이나요?

무엇을 하고 있는 것처럼 보이나요?

표지에서 발견하거나 궁금한 내용이 있나요?

어떤 내용의 이야기일까요?

▲《숨바꼭질》앞표지

♣ 선생님과 함께 그림책을 읽으며 궁금한 것을 적고, 친구들에게 공유해 봅시다.

1️⃣ 그림책을 읽으며 떠오른 질문을 자유롭게 적어 보세요.

> 예 왜 제목이 '숨바꼭질'일까?

수업 TIP 《숨바꼭질》은 글(숨바꼭질)뿐만 아니라 그림(전쟁, 이별)이 들려주는 이야기를 함께 읽어야 하는 그림책이에요. 교사가 학생에게 표지, 면지, 본문 순서로 차근차근 읽어 주되 글 읽기에만 집중하지 말고 학생들이 그림을 함께 읽어 나갈 수 있도록 적절한 질문들을 던져 가며 여유롭게 읽는 것이 필요합니다.

2️⃣ 각자 쓴 질문을 붙임쪽지에 적어 친구들과 공유해 보세요.

❷ '뜨거운 의자' 활동하기

♣ 그림책 속 등장인물이 되어 서로 묻고 답하는 '뜨거운 의자' 활동을 해 봅시다.

활동 방법

❶ 그림책 속 등장인물에게 하고 싶은 질문을 아래 카드에 적는다.

❷ 이순득 역할을 할 친구를 뽑는다. 뽑힌 친구는 앞에 나와 의자에 앉는다.

❸ 나머지 친구들은 이순득에게 하고 싶은 질문을 하고 이순득 역할을 맡은 친구는 이순득이 되어 그 질문에 답한다.

수업 TIP 이 활동은 '그 인물이 되어 이야기 속으로 들어가는 시간'에 대한 약속을 하면 좋아요. 예를 들어 바퀴 달린 의자를 활용해 의자가 한 바퀴 돌면 그 인물이 되어 보거나, 차임벨을 활용해 벨소리와 함께 그 인물이 되어 보는 등 미리 약속을 해서 분위기를 만들어 보세요. 만약 질문이 겉돈다면 교사도 질문자가 되어 개입하면 학생들이 인물에 감정 이입하는 데 도움이 된답니다.

❹ 활동이 마무리되면 다시 이순득을 정해 몇 차례 활동을 반복한다.

❺ 박순득에 대해서도 똑같은 방법으로 진행한다.

이순득에게	박순득에게
_____	_____
_____	_____
_____	_____
_____	_____
_____	_____

❸ 인물에게 해 주고 싶은 이야기 쓰기

♣ 그림책 속 등장인물에게 해 주고 싶은 이야기를 적고, 각자 쓴 이야기를 돌아가며 낭독해 봅시다.

1 아래 문구들을 활용하여 등장인물에게 해 주고 싶은 이야기를 짧게 적어 보세요.

잠깐 기대. 좋아질 거야. 고생했어.
잠깐 쉬어. 지나갈 거야. 걱정 마. 옆에 있을게 사랑해.
혼자가 아니야. 완벽하지 않아도 돼. 너라서 좋아. 어깨를 펴. 안아 줄게
도와줄게 잘될 거야. 충분해. 행운을 빌어. 너를 믿어.
고마워. 힘내. 멋져. 할 수 있어. 든든해.
파이팅. 힘들었지? 따뜻해. 잘했어. 수고했어.
네 마음대로 해. 함께하자. 넌 소중해. 놀라워. 실수 OK~.
두려워 마. 포기하지 마! 잘해 왔어. 거절해도 돼. 내 손 잡아.
사랑스러워. 좋은 사람이야. 덕분이야. 다행이야. 괜찮아.

_____에게

_____

_____

_____

_____

2 순서를 정해 각자 적은 이야기를 돌아가며 낭독해 보세요. 어울리는 배경 음악을 깔고 읽어도 좋아요.

♣ 다음 빈칸을 채워 봅시다.

• 박순득(이순득)에게 평화란 _____ 이다.

  왜냐하면 _____

_____ .

• 나에게 평화란 _____ 이다.

  왜냐하면 _____

_____ .

수업 TIP 학생들이 답하기 어려워하는 경우 '나에게 평화란 어떤 빛깔인지, 어떤 냄새인지, 어떤 모양인지, 어떤 촉감인지, 어떤 느낌인지', 또는 '나는 어떤 상황에서 평화를 느끼는지'와 같은 질문을 던져서 자유롭게 생각을 꺼내 놓을 수 있도록 도와주세요.

❶ 또 다른 순득이 찾아보기

♣ 전쟁으로 인해 순득이처럼 고통받았거나 고통받고 있는 사람은 또 누가 있을지 선생님께서 들려주시는 노래 〈…라구요〉를 듣고 생각해 봅시다.

1 노래 〈…라구요〉에서 아버지와 어머니는 어떤 상황에 처해 있는지 말해 보세요.

2 순득이와 노래 속 아버지, 어머니와 같이 전쟁으로 인해 고통을 겪었던 사람들은 또 누가 있을지 적어 보세요.

_____

3 전쟁은 지금 나의 삶과는 관련이 없는 것일까요? 자신의 생각을 말해 보세요.

 ❷ 역할극하기

♣ 앞에 나눈 이야기들을 바탕으로 '전쟁이 우리에게 남긴 것'이란 주제로 역할극을 만들고, 친구들 앞에서 발표해 봅시다.

> **활동 방법**
>
> ❶ 어떤 이야기를 다룰지 이야깃거리를 정한다.
>
> ❷ 3~4장면으로 장면을 구성한 후 인물을 정하고, 대사를 붙여 극으로 완성한다.
>
> ❸ 모둠원들과 역할을 나누어 역할극을 연습하고, 친구들 앞에서 발표한다.

❸ 평화로운 세상 상상하기

♣ 순득이가 평화롭게 살아갈 수 있는 세상을 상상하며 아래 공간을 자유롭게 꾸며 봅시다.

(낱말이나 그림, 점토나 색종이를 활용하여 자유롭게 꾸며 보세요.)

더! 알찬 수업을 만드는 읽기 자료

●● 추가 활동: 문학 작품의 인물 분석하기

1차시 ❷ '뜨거운 의자' 활동하기 앞이나 뒤에 인물에 관해 시각적으로 정리해 보는 시간을 가져 봐도 좋다. 각 인물들에 대해 생강 모양의 인형을 그린 후 인형 바깥쪽에는 인물의 외적 조건에 해당하는 내용을 정리해 보고, 안쪽에는 인물의 심리와 관련된 내용을 정리하도록 한다. 생강 인형을 크게 그린 후 교사 주도의 학급 활동이나 모둠 활동으로 진행해도 좋다.

▲ 생강 인형

●● 추가 자료: 2차시 ❶ 또 다른 순득이 찾아보기

전쟁이 남긴 고통은 여전히 현재 진행형이다. 전쟁은 우리네 삶 구석구석에 상흔을 남겨 두었고, 그 상처들은 여전히 지속되고 있다.

《숨바꼭질》의 등장인물들처럼 전쟁으로 많은 사람이 소중한 이들과 이별해야 했으며, 그중에서도 특히 이산가족들은 여전히 소중한 사람들을 그리워하며 살고 있다. 이뿐만 아니라 제1차 세계 대전 후 원자 폭탄의 피해를 받았던 이들의 고통도 현재까지 이어지고 있으며, 남과 북이 심어 놓은 지뢰로 인해 목숨을 잃는 이들의 소식도 여전히 들려오고 있는 게 사실이다. 지뢰 피해와 관련하여 2018년 4월 판문점 선언 이행을 위한 군사 분야 합의(2018년 9월 19일) 이후 동년 10월 남북이 공동으로 DMZ 지뢰 제거 작업을 펼쳤던 이야기를 함께 나눠 봐도 좋겠다.

+ 선생님이 들려주는 노래 〈…라구요〉(강산에)

　강산에 유튜브 채널 공식 음원 youtu.be/Efw6x5EvuJ0

+ 참고하면 좋은 홈페이지

　• 지뢰 피해자 관련 자료 (사)평화나눔회 www.psakorea.org

　• 원폭 피해자 관련 자료 (사)한국원폭피해자협회 www.wonpok.or.kr

●● 함께 읽으면 좋은 그림책 : 《엄마에게》(서진선)

▲ 《엄마에게》 앞표지

《엄마에게》는 한 어린이가 한국 전쟁을 거치며 엄마와 눈앞에서 헤어지게 되는 과정과 전쟁이 멈추고도 만날 수 없게 된 엄마를 그리워하는 내용을 잘 담고 있다. 장기려 박사의 실화를 바탕으로 이산가족의 이야기를 다루고 있어 《숨바꼭질》과 함께 읽어 보면 좋은 그림책이다.

움직이는 평정 척도 놀이로

갈등의 원인을 알아봐요

초등학교 5~6학년군 도덕 교과에서는 나와 다른 사람들과의 관계 속에서 발생할 수 있는 다양한 갈등을 공감·경청·대화 등의 방법을 통해 평화적으로 해결하는 역량을 기르는 데 주안점을 두고 있어요. 나와 다른 사람들의 '차이'를 인정하며 갈등의 원인을 파악하고, 공감과 경청을 통해 갈등을 해결해 보는 활동으로 수업을 진행해 보세요. 이를 통해 학생들은 학급에서 벌어지는 크고 작은 갈등을 스스로 해결할 수 있을 뿐 아니라 우리 사회에서 발생하고 있는 다양한 갈등을 성숙한 자세로 대하는 도덕적 대인 관계 능력을 기를 수 있을 거예요.

#움직이는평정척도놀이 #갈등 #차이 #공감경청놀이 #갈등해결

서로 생각이 다른 사람들이 모인 곳이라면 갈등은 반드시 발생하게 되어 있다. 대부분의 사람들은 갈등의 긍정적인 측면보다는 부정적인 측면을 더 많이 생각한다. 하지만 갈등을 해결하려고 노력하는 과정에서 개인과 사회의 발전이 가능하며, 사회 구성원의 결속을 강화하고 민주주의 발전에도 기여할 수 있다. 또한 갈등을 평화적으로 잘 해결했을 때 우리의 삶이 한층 더 발전할 수 있다. 따라서 평화로운 방법을 선택해 갈등을 지혜롭게 해결하려고 노력해야 하며, 갈등을 건설적이고 발전적인 성장의 기회로 삼아야 한다. 이 수업에서는 우리들의 삶에서 다양한 갈등이 발생하는 원인을 알고, 갈등을 평화롭게 해결하기 위해 공감 능력과 경청 능력을 기르는 데 중점을 두고 학습할 수 있도록 구성하였다.

　1차시 ❶ 갈등의 원인 파악하기 활동에서는 움직이는 평정 척도 놀이로 하나의 공통된 주제에 대해 의견이 서로 다를 수 있다는 것을 시각적으로 경험하고, 이러한 생각의 차이가 갈등의 원인임을 깨닫는다. ❷ '다름'에 대한 인식 전환하기 활동에서는 '다름'의 긍정적인 측면을 살펴보고, 갈등의 평화로운 해결은 서로의 생각 차이를 이해하는 것에서부터 시작해야 한다는 것을 배운다.

　다른 사람의 생각을 이해하고 갈등을 평화롭게 해결하기 위해서는 서로의 말을 잘 경청하고 상대방의 마음에 공감하며 대화하는 것이 매우 중요하다. 따라서 2차시에서는 ❶ 공감과 경청의 방법 연습하기 활동을 통해 공감과 경청의 방법을 즐거운 분위기에서 적용해 보고, ❷ 갈등을 평화롭게 해결하려는 마음 기르기 활동으로 수업을 마무리한다.

수업 한눈에 보기

주제	갈등의 원인을 파악하고, 공감과 경청의 방법으로 갈등을 평화롭게 해결하기	
1차시	갈등의 원인을 파악하고, '다름'에 대한 인식 전환하기	❶ 갈등의 원인 파악하기
		❷ '다름'에 대한 인식 전환하기
2차시	공감과 경청의 방법을 익히고, 갈등을 평화롭게 해결하려는 마음 기르기	❶ 공감과 경청의 방법 연습하기
		❷ 갈등을 평화롭게 해결하려는 마음 기르기

❶ 갈등의 원인 파악하기

♣ 움직이는 평정 척도 놀이를 하며 갈등의 원인을 파악해 봅시다.

수업 TIP 놀이의 주제는 다양한 의견이 나올 수 있는 것으로 제시해 주세요.(30쪽 더 읽기 자료 참고)

활동 방법

❶ 교실에 보이지 않는 직선이 있다고 가정한다. 왼쪽 끝부터 각각 매우 찬성(100점), 찬성(75점), 보통(50점), 반대(25점), 매우 반대(0점)에 해당한다.

❷ 선생님이 제시한 주제를 듣고, 자신의 의견에 해당하는 위치에 줄을 서 본다.

❸ 자신의 위치와 친구의 위치를 비교해 본다.

▢ 자신의 위치는 어디이며, 그곳에 선 이유는 무엇인지 적어 보세요.

_____

▢ 자신의 위치와 친구의 위치를 비교해 보고, 의견이 다른 이유가 무엇인지 말해 보세요.

❷ '다름'에 대한 인식 전환하기

♣ 동그랗게 둘러앉아 '다름'이라는 주제에 대해 이야기해 봅시다.

1 평소 '다름'에 대해 어떻게 생각했는지 자신의 생각을 색깔로 표현해 보고, 그 색깔을 선택한 이유를 이야기해 봅시다.

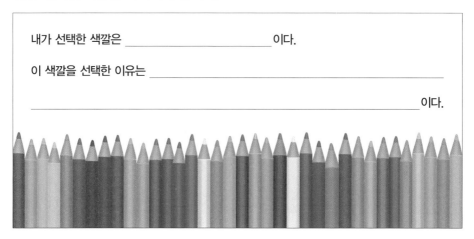

내가 선택한 색깔은 _____ 이다.

이 색깔을 선택한 이유는 _____

_____ 이다.

2 가족이나 친구들이 자신과 달라서 좋았던 경험을 떠올려 보고, 그 경험을 친구들과 이야기해 봅시다.

3 우리 주변에서 벌어지는 갈등은 주로 서로의 생각이 다르기 때문에 발생합니다. 서로의 생각이 달라서 비롯된 갈등을 평화롭게 해결하는 방법을 찾아 적어 봅시다.

- _____
- _____

❶ 공감과 경청의 방법 연습하기

♣ 공감과 경청 놀이를 하며 공감과 경청의 방법을 연습하고, 어떤 느낌이 들었는지 생각해 봅시다.

활동 방법

❶ 두 명씩 짝을 지어 마주 보고 앉는다.

❷ 선생님이 제시한 주제에 대해 이야기를 나눈다. 이때, 듣는 사람은 이야기하는 사람의 눈을 바라보며 배려심 있는 태도로 경청한다.

❸ 정해진 시간이 지나면 이야기하는 사람과 듣는 사람의 역할을 바꾼다.

❹ 다시 짝과 함께 주제에 대해 이야기를 나눈다. 이번에는 듣는 사람이 이야기하는 사람의 눈을 보지 않고 다른 행동을 한다.

❺ 정해진 시간이 지나면 이야기하는 사람과 듣는 사람의 역할을 바꾼다.

❻ 활동을 하고 난 후의 느낌과 생각을 이야기한다.

1 상대방이 눈을 마주 보고 이야기를 경청했을 때 어떤 느낌이 들었는지 적어 보세요.

_____

2 상대방이 눈을 마주 보지 않고 다른 행동을 했을 때 어떤 느낌이 들었는지 적어 보세요.

_____

 ❷ 갈등을 평화롭게 해결하려는 마음 기르기

♣ 배운 내용을 통해 갈등을 평화롭게 해결하는 방법을 정리해 봅시다.

1 갈등을 평화롭게 해결하는 구체적이고 실천 가능한 아이디어를 종이에 적어 칠판에 붙여 보세요.

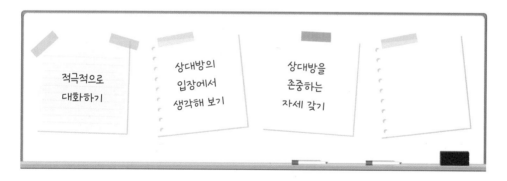

2 칠판에 붙인 아이디어 중 갈등을 해결할 수 있는 가장 효과적인 방법을 찾아 자신의 이름을 쓴 붙임쪽지를 붙여 보세요.

3 붙임쪽지가 가장 많이 붙은 갈등 해결 방법을 우리 반의 갈등 해결 방법으로 정하고, 함께 읽어 보며 실천하려는 마음을 다져 보세요.

더! 알찬 수업을 만드는 읽기 자료

●● 1차시 ❶ 갈등의 원인 파악하기 예시 주제

학교에서 스마트폰을 사용해도 괜찮은가?	학교에서 급식을 남기지 않고 모두 먹어야 하는가?	인터넷 게임 셧다운 제도는 필요한가?

인간 복제는 인간의 존엄성을 훼손하는가?	동물원은 꼭 필요한가?

●● '다름'에 대한 인식을 전환하는 데 좋은 책

❶《샌드위치 바꿔 먹기》(라니아 알 압둘라 왕비, 켈리 디푸치오 글·트리샤 투사 그림)

▲《샌드위치 바꿔 먹기》 앞표지

셀마와 릴리는 학교에서 늘 붙어 다니는 단짝이다. 둘은 점심을 함께 먹는데 셀마는 후무스 샌드위치를, 릴리는 땅콩버터 잼 샌드위치를 먹는다. 그들은 서로의 샌드위치가 이상해 보이고 역겹다는 생각을 입 밖으로 내면서 사이가 틀어진다. 서로 다른 맛과 모양을 지닌 샌드위치를 바꿔 먹으면서 셀마와 릴리가 화해하는 과정을 통해 서로 다른 문화를 이해하고 존중하며 서로 조화롭게 살아갈 수 있는 법에 대해 생각해 볼 수 있을 것이다.

❷《이혜리와 리혜리》(전현정 글·최정인 그림·국립통일교육원 기획)

▲ 《이혜리와 리혜리》 앞표지

남한 어린이 이혜리가 바라보는 북한 어린이 리혜리와 북한 어린이 리혜리가 바라보는 남한 어린이 이혜리에 대한 이야기를 담은, 앞뒤로 보는 그림책이다. 성향도 좋아하는 음식도 다른 두 혜리는 서로 다른 점을 인정하고, 진정한 친구가 된다. 남과 북의 어린이가 다름을 인정하고 우정을 쌓아 가는 과정에서 통일에 대한 긍정적인 인식을 높이고, 실천 의지를 기를 수 있을 것이다.

●● 대안 활동: 의자 뺏기 놀이

2차시 ❶ **공감과 경청의 방법 연습하기** 활동에서는 '공감과 경청 놀이' 활동을 통해 공감과 경청의 방법을 연습해 보았다. 기존에 제시한 활동 대신 '의자 뺏기 놀이' 활동을 통해서도 공감과 경청의 방법을 즐거운 분위기에서 연습해 볼 수 있다.

❶ 의자를 동그랗게 배치하고 둘러앉는다. 이때 의자의 개수는 전체 학생 수보다 한 개 적게 하고, 한 명은 술래가 되어서 가운데에 서 있는다.

❷ 술래는 자신이 겪은 갈등과 그때의 감정을 이야기한다.

　　예 "친구와 대화를 하다가 친구의 농담에 화가 나서 크게 화를 내었습니다."

❸ 술래의 말을 잘 듣고, 술래가 겪은 갈등에 대한 감정에 공감하는 학생들은 모두 자리에서 일어난다. 그리고 술래를 포함하여 일어난 학생들끼리 자리를 바꾸는데, 이때 자리에 앉지 못한 학생은 술래가 된다.

❹ 교사는 술래에게 간단한 질문을 한다.

　　예 "어떻게 하면 친구와의 갈등을 줄일 수 있을까요?", "왜 술래의 말에 공감했나요?"

❺ 술래는 다시 자신이 겪은 갈등과 그때의 감정을 이야기하고, 다른 학생들은 술래의 말에 경청하고 공감하며 놀이를 이어 나간다.

평화 기차로 미리 만나는
통일 한반도의 모습

2015 개정 사회과 교육 과정의 성취 기준 '[6사08-02] 남북통일을 위한 노력을 살펴보고, 지구촌 평화에 기여하는 통일 한국의 미래상을 그려 본다.'를 달성하기 위해서 초등학교 6학년 2학기 교과서에는 중단원 1개 분량으로 '한반도의 미래와 통일' 관련 학습 내용을 다루고 있어요. 하지만 평화·통일교육은 범교과 학습 주제의 일부로서 그 중요성이 강조되고 있는 만큼 배당된 수업뿐만 아니라 사회 교과 전반에 걸쳐 주제 중심 프로젝트 학습 형태로 다양하게 활용될 수 있어요. 특히 한반도 전역을 자유롭게 여행하는 상상 글쓰기나 보드게임을 통해 간접 체험의 기회를 제공함으로써 학생들은 자연스럽게 인적·물적 교류에 의한 남북 간 상호 의존성과 통일 한반도의 평화 구축 가능성을 긍정적으로 바라보는 시선을 가질 수 있어요.

#통일한반도 #평화기차 #보드게임 #한반도평화여행

'여행'을 주제로 5~6학년군 사회과 수업에서 적용 가능한 2차시 체험형 수업을 구현한다. 교통수단을 이용하여 인적·물적 교류가 활발해지면 남북 간 상호 의존성이 증가하여 한반도 평화 증진에 도움이 된다. 교통수단과 한반도 여행을 테마로 한 교육용 보드게임을 해 보며 통일 한반도가 먼 미래의 이야기가 아니라 우리의 현재와 맞닿아 있는 가까운 미래임을 이해하도록 한다.

　1차시에서는 ❶ 통일 한반도의 미래 교통수단 떠올리기 활동과 ❷ 기차 안 남북한 사람들의 대화 상상하기 활동을 통해 분단 상황에도 불구하고 남북한 사람들이 조우하여 교류하는 모습을 구체적으로 살펴보고자 한다. 또한 ❸ 평화 기차를 이용하는 모습 상상하여 글쓰기 활동에서는 통일 이후 사람들의 이동과 생활 모습의 변화를 미리 그려 본다.

　2차시에서는 ❶ '한반도 평화 여행' 보드게임하기 활동을 통해 한반도 내 지역 간 혹은 이웃 나라까지 넘나드는 이동을 하며 보다 역동적인 통일 한반도의 모습을 구현하고자 하는 실천 의지를 길러 본다. 5학년 1학기 '국토와 우리 생활' 단원과 6학년 2학기 '우리나라와 가까운 나라들' 단원의 내용 요소를 활용하여 창의적인 보드게임을 함으로써 통일 한반도에 대한 기대감을 증진하고 미래의 통일 한반도의 생활상을 보다 실감나게 이해할 수 있다.

수업 한눈에 보기

주제	통일 한반도의 교통수단을 이용할 우리의 생활 모습 상상하기	
1차시	평화 기차 속 통일 한반도 사람들의 생활 모습 상상하기	❶ 통일 한반도의 미래 교통수단 떠올리기
		❷ 기차 안 남북한 사람들의 대화 상상하기
		❸ 평화 기차를 이용하는 모습 상상하여 글쓰기
2차시	한반도 평화 여행을 통해 달라질 사람들의 생활 모습 이해하기	❶ '한반도 평화 여행' 보드게임하기

❶ 통일 한반도의 미래 교통수단 떠올리기

♣ 통일 한반도에서 이용할 미래의 교통수단과 이용 모습을 자유롭게 떠올려 보고 생각 그물에 나타내 봅시다.

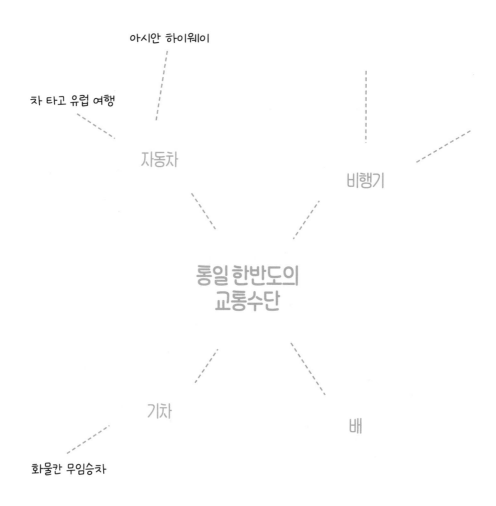

❷ 기차 안 남북한 사람들의 대화 상상하기

♣ 시베리아 횡단 열차의 객실 안에서 만난 남북한 사람들의 모습을 보고 아래 질문에 답해 봅시다.

1️⃣ 그림 속 사람들은 어떤 대화를 나누고 있을지 상상해 보고 짝과 이야기해 보세요.

2️⃣ 하나의 섬이지만 분단되어 있는 아일랜드와 북아일랜드 사람들은 1998년 북아일랜드 평화 협정 체결 이후 기차와 도로를 이용해서 서로의 국가를 자유롭게 여행하고 있어요. 이처럼 통일 이전에 남북한 철도가 연결되면 우리는 북한뿐 아니라 아시아와 유럽 대륙을 자유롭게 이동할 수 있을 거예요. 그렇다면 어디를 가 보고 싶은지, 또 그 이유는 무엇인지 말해 보세요.

❸ 평화 기차를 이용하는 모습 상상하여 글쓰기

♣ 통일 한반도에서 평화 기차를 이용하는 사람들의 모습을 상상해 보고 이야기를 꾸
며 써 봅시다.

2차시

❶ '한반도 평화 여행' 보드게임하기

♣ '한반도 평화 여행' 보드게임을 준비해 봅시다.

수업 TIP
❶ 책 뒤에 있는 활동지를 활용하여 수업해 보세요.
❷ 수업 시간은 활동 안내에 10분, 여권 카드 만들기를 포함한 준비물 마련하기에 10분, 보드게임에 20분 정도를 할애하면 좋아요.
❸ 이 수업을 하기 전에 보드판에 있는 도시의 특징을 교사가 미리 설명해 주거나 학생들에게 미리 조사하게 한 후 진행하면 더욱 알차고 의미 있는 시간이 될 거예요.

준비물	주사위 1개, 여권 카드 12장(1인당 3장), 평화 화폐(1인당 5평화 5장, 1평화 10장), 평화 씨앗 카드, 말 4개, 보드판

평화 저축	강릉	평양	평화 씨앗	서울	순간 이동
통일 한반도 평화를 위해 2평화를 기부하세요. 게임이 끝난 후 평화 소득으로 합산합니다.	이사 조건: 8 평화 여행 조건: 2 평화 통과 조건: 5 평화 거주인 ( )	이사 조건: 8 평화 여행 조건: 3 평화 통과 조건: 5 평화 거주인 ( )		이사 조건: 9 평화 여행 조건: 3 평화 통과 조건: 6 평화 거주인 ( )	다음 차례에 원하는 곳으로 갈 수 있어요.

나진
이사 조건: 7 평화 여행 조건: 2 평화 통과 조건: 4 평화 거주인 ( )

대구
이사 조건: 7 평화 여행 조건: 3 평화 통과 조건: 5 평화 거주인 ( )

신의주
이사 조건: 6 평화 여행 조건: 2 평화 통과 조건: 4 평화 거주인 ( )

한반도 평화 여행

평화 씨앗

중국(훈춘)
이사 조건: 9 평화 여행 조건: 4 평화 통과 조건: 6 평화 거주인 ( )

일본(하카타)
이사 조건: 10 평화 여행 조건: 5 평화 통과 조건: 7 평화 거주인 ( )

러시아(하산)
이사 조건: 10 평화 여행 조건: 5 평화 통과 조건: 8 평화 거주인 ( )

평화 쉼터	목포	평화 씨앗	개성	부산	출발
쉼터에서 한 차례 쉬어 가세요.	이사 조건: 5 평화 여행 조건: 1 평화 통과 조건: 3 평화 거주인 ( )		이사 조건: 6 평화 여행 조건: 2 평화 통과 조건: 4 평화 거주인 ( )	이사 조건: 5 평화 여행 조건: 1 평화 통과 조건: 2 평화 거주인 ( )	

▲ 보드판

통과 조건	가고 싶은 곳	평양		통과 조건	가고 싶은 곳	
여행 조건	[평양]에 가고 싶은 이유	원조 평양냉면을 먹어 보고 싶다.		여행 조건	[ ]에 가고 싶은 이유	
이사 조건	[평양]에서 살게 되면 하고 싶은 일	북한 친구들을 사귀어 보고 싶다.		이사 조건	[ ]에서 살게 되면 하고 싶은 일	

▲ 여권 카드(예시)

▲ 주사위

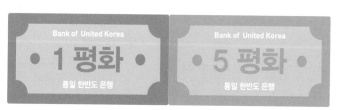

▲ 평화 화폐

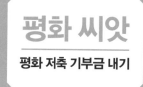

평화 씨앗	평화 씨앗	평화 씨앗
평화 저축 기부금 내기	통과 요금 1회 면제권	앞으로 세 칸 이동

▲ 평화 씨앗 카드

풀칠		빨강 씨앗	

▲ 말

♣ 한반도를 자유롭게 여행하는 자신의 모습을 상상하며, '한반도 평화 여행' 보드게임을 해 봅시다.

활동 방법

❶ 1명당 보드판에 적힌 도시 중 가고 싶은 곳을 3곳씩 골라 각각의 여권 카드를 만들고, 보드판의 거주인 칸에 이름을 써넣는다.

❷ 평화 씨앗 카드는 보드판 위에 뒤집어 두고, 한 명씩 말을 골라 출발 칸에 놓는다.

❸ 순서를 정하고, 첫 번째 사람부터 주사위를 굴려 나온 숫자만큼 말을 이동한다.

❹ 도시에 도착한 경우 살고 싶은 지역이라면 보드판에 쓰인 이사 조건만큼의 평화 화폐를 기존의 거주인에게 내면 거주인이 변경된다. 그리고 그 도시의 여권 카드를 갖는다. 본인이 거주하는 도시에 도착한 경우 평화 화폐를 지불하지 않고 통과할 수 있다.

❺ 만약 도착한 도시가 여행하고 싶은 지역이라면, 그 이유를 거주인에게 설명하고 여행 조건만큼의 평화 화폐를 내고 지나갈 수 있다. 이사하거나 여행하지 않고 그냥 지나가고 싶은 지역이라면, 통과 조건만큼의 평화 화폐를 내고 지나갈 수 있다.

❻ 만약 평화 씨앗 칸에 도착하면 평화 씨앗 카드 1장을 뒤집어 보고, 써 있는 대로 수행한다.

❼ 평화 저축 칸에 도착하면 2평화의 기부금을 내야 한다. 누가 기부금을 얼마나 냈는지 따로 기록해 둔다.

❽ 주어진 시간까지 순서대로 반복하여 진행한 후 시간이 다 지나면, 각자 가진 평화 화폐와 여권 카드, 평화 저축 기부금을 모두 더하여 가장 많은 평화 화폐를 가진 사람이 이긴다. 이때 여권 카드는 그 도시의 이사 조건과 동일한 평화 화폐만큼의 가치를 갖는다.

1 '한반도 평화 여행' 보드게임을 하며 자신이 이사해서 거주해 보기로 결정한 도시 중 하나를 골라 이름과 그곳을 고른 이유는 무엇인지 적어 보세요.

내가 고른 도시	이 지역을 고른 이유
_____	_____
	_____
	_____

2 '한반도 평화 여행' 보드게임을 하고 난 후 통일 한반도에서 실제로 가장 가 보고 싶은 곳은 어디인지, 또 그곳에서 무엇을 하고 싶은지 적어 보세요.

_____

_____

_____

3 '한반도 평화 여행' 보드게임을 통해 느낀 점 또는 더 알고 싶은 점을 말해 보세요.

_____

더! 알찬 수업을 만드는 읽기 자료

●● '한반도 평화 여행' 보드게임의 의미

이 게임은 한반도와 주변국들을 배경으로 '주사위', '평화 씨앗', '순간 이동성'을 통해 이동성을 부여하여 간접적으로 여행을 체험할 수 있도록 고안한 교육용 보드게임이다. 창의적 보드게임을 활용한 평화·통일교육의 효과성을 정리하면 다음과 같다.

첫째. 동기 부여가 확보될 수 있다. '교육용 보드게임'이라는 새로운 방식은 호기심과 흥미를 제공할 뿐 아니라, 간접 체험을 통해 구체적인 문제 상황과 학습 관련성을 제공한다.

둘째, '놀이'를 통한 직관적이고 쉬운 접근은 자신감을 부여하며, 게임에서 경쟁하고 과제를 완수하는 경험은 만족감과 성취감을 제공하여 학습 목표를 달성하는 데 용이하다. 활동 내내 평화·통일교육의 주요 개념이 반복되어 등장할 뿐 아니라, 특정 상황에서의 판단과 행동을 반복하고, 현실과 유사한 경험을 하면서 상황에 대한 태도 변화가 유도되기 때문이다.

또한 한반도와 인접국 주요 지역의 자연환경, 인문 환경에 대한 기본적인 지리 정보를 바탕으로 '여권 카드'를 작성하며 여행지의 매력도에 대한 개인 의견을 문장으로 표현해 보도록 하여 학습 동기 및 여행 선호도 신장의 효과를 기대하였다. 그뿐만 아니라 게임의 재미와 교육적 효과의 향상을 위해 '통과, 여행, 이사' 등 방문 목적에 대한 조건을 추가하여 다른 지역 사람들의 생활 모습을 보다 구체적이고 체계적으로 이해할 수 있도록 고안하였다. '평화 저축' 상품 콘셉트를 통해 기부금을 내고 사후 평화 소득으로 합산하게 하여 한반도 평화를 위한 노력의 중요성을 강조하였다.

비율 그래프로

읽는 세상: 성평등

평화·통일교육은 남북 갈등을 넘어 우리 사회에 존재하는 남남 갈등을 해결하는 역량을 기르는 과정까지 포함합니다. 이 과정은 갈등을 직면하는 것에서부터 출발하지요. 우리 사회의 뿌리 깊은 갈등 중 하나인 젠더 갈등은 사회에 내재하는 다른 갈등 요인들과 복합적으로 작용하며 생활 속에서 구체적인 폭력으로 드러나기도 합니다. 성별에 따른 차별과 편견을 넘어서는 사회 통합은 통일 한반도로 나아가기 위한 주요 과제라고 할 수 있어요. 평화·통일교육에서 수학 교과는 합리적 사고 과정을 바탕으로 갈등 상황을 인식하고 대안을 제시하는 데 중요한 역할을 합니다. 의미 있는 통계 자료를 계획·수집하고, 나타내는 과정에서 학생들은 평화 시민의 중요한 역량을 기를 수 있을 거예요.

#비율그래프 #통계자료 #젠더갈등 #성평등지수 #카드뉴스

이 수업은 비와 비율, 비율 그래프를 학습한 후 이를 적용하는 단계에서 이루어질 수 있다. 통계는 사회의 갈등 상황을 드러내고 대안을 제시하는 근거가 된다는 사실에서 출발하여, 성별에 따른 차별을 주제로 의미 있는 자료 수집 계획을 세우고 적절한 자료의 형태로 표현할 수 있도록 한다. 학생들은 이 활동을 통해 비율 그래프가 우리 사회의 문제와 정보를 전달하는 데 유용하게 활용될 뿐만 아니라, 자료의 종류와 내용에 따라 문제를 바라보는 시선이 다양하게 도출될 수 있음을 확인할 수 있다. 또한 이 과정에서 갈등 상황을 주체적으로 인식하고 수학적으로 표현하는 능력을 기를 수 있다.

1차시 ❶ **생활 속 경험 나누기** 활동에서는 학생들이 생활하면서 직간접적으로 경험한 성차별 문제에 대하여 서로 나누고, 여성과 남성의 존중해야 할 차이와 사회에 존재하는 편견을 찾아본다. 이때 남녀가 평등한 사회의 모습에 대한 의견을 나누고, 우리 사회는 얼마만큼 성평등한 사회인지 충분히 생각해 보도록 한다. ❷ **성평등 순위 자료가 다른 이유 찾아보기** 활동에서는 두 국제기구가 발표한 상반된 성평등 순위를 확인하고, 각 순위의 근거와 두 순위가 다른 원인이 무엇인지 토의해 보는 활동을 통해 수학적 통계에도 가치가 개입될 수 있음을 확인한다. ❸ **성차별 문제를 알리기 위한 자료 수집 계획 세우기** 활동에서는 우리 사회의 성평등 실태를 주제로 어떤 자료가 의미 있을지 직접 자료 수집 계획을 세우고, 2차시 ❶ **자료 수집하기,** ❷ **비율 그래프로 나타내기,** ❸ **카드 뉴스 제작하기** 활동을 통해 기준에 따라 자료를 수집한 후 그 결과를 비율 그래프로 나타내고, 카드 뉴스를 만들어 학급 친구들에게 공유해 본다.

수업 한눈에 보기

주제	비율 그래프로 세상 읽기: 성평등	
1차시	성차별 문제를 알리기 위한 자료 수집 계획 세우기	❶ 생활 속 경험 나누기
		❷ 성평등 순위 자료가 다른 이유 찾아보기
		❸ 성차별 문제를 알리기 위한 자료 수집 계획 세우기
2차시	비율 그래프를 활용하여 카드 뉴스 제작하기	❶ 자료 수집하기
		❷ 비율 그래프로 나타내기
		❸ 카드 뉴스 제작하기

❶ 생활 속 경험 나누기

♣ 생활 속 경험을 나누며 성별에 따른 차이와 편견 및 차별을 구별해 봅시다.

활동 방법 　　　　　　　　　　　　　　　　　　　*모둠 친구들과 함께 하는 활동입니다.

❶ 카드에 우리 모둠이 경험한 남자와 여자의 차이를 적어 '차이 카드'를 완성한다.

❷ 차이가 편견과 차별이 될 수 있는 카드를 골라 한 명씩 돌아가며 자신의 경험과 그때의 기분을 말하고, 다른 친구들은 공감하는 자세로 경청한다.

> 예 남자는 힘이 세고, 여자는 힘이 약하다.

수업 TIP 책 뒤의 활동지를 활용해 학생들이 카드를 완성해 보도록 지도해 주세요.

1️⃣ 우리 모둠의 카드 중 편견과 차별이 될 수 있는 카드는 무엇인지 말해 보세요.

2️⃣ 차이와 차별의 차이점은 무엇이라고 생각하는지 적어 보세요.

_____

3️⃣ 성별에 따른 편견과 차별이 우리 사회에서 사라지지 않는다면 어떤 일이 일어날 지 예상하여 적어 보세요.

- _____

- _____

❷ 성평등 순위 자료가 다른 이유 찾아보기

♣ 다음 글을 읽고 질문에 답하며, 자신이 우리나라의 성평등 순위를 짐작해 본다면 몇 위를 주고 싶은지 생각해 봅시다.

　해마다 발표되는 세계 성평등 순위는 사람들의 시선을 집중시킵니다. 성별에 따라 차별받지 않는 사회를 위한 우리들의 노력을 돌아보는 참고 자료가 될 수 있기 때문이죠.

　그런데 아래 기사를 보면 자료를 수집하여 발표하는 두 곳의 순위는 너무나도 다릅니다. 이유가 무엇일까요?

2022년 12월 16일　　　평화신문	2022년 7월 14일　　　평화신문
속보	**속보**
유엔 개발 계획(UNDP) 한국의 성평등 순위 191개국 중 세계 15위, 10년째 꾸준히 상위권	세계 경제 포럼(WEF) 〈글로벌 성 격차 보고서 2022〉 한국 성평등 순위 146개국 중 99위!
모성 사망 비율/청소년 출산율 중등 교육 이상 교육받은 여성 비율 여성 노동 참여 비율 여성 국회 의원 비율 ……	남성 대비 여성의 노동 참여 세계 90위 남성 대비 여성의 임금 차이 98위 여성 정치적 권한 부여 72위 여성 경제적 참여 및 기회 15위 ……

　두 기관의 성평등 순위 차이가 크게 나타나는 이유는 자료를 수집하는 목적과 기준 등이 다르기 때문입니다.

　먼저 두 기관은 알리고 싶은 자료의 목적이 다릅니다. 유엔 개발 계획은 여러 사회적 환경의 결과 여성이 교육, 경제, 건강 등의 분야에서 '어떤 삶을 사는지'에 집중합니다. 한편 세계 경제 포럼은 나라의 교육, 건강, 경제 등 우리 사회에 존재하는 남녀의 차이에 초점을 두어 자료를 측정합니다. '각 분야에서 남자와 여자가 얼마나 다른가'에 집중하기 때문에 한 나라 내에서 남녀 간의 차이가 크면 선진국이라 하더라도 순위가 낮아질 수 있습니다.

두 기관에서 순위를 매기기 위해 수집하는 자료의 종류가 다른 것도 순위에 큰 영향을 미쳤습니다. 유엔 개발 계획에서는 청소년 출산율, 여성 국회 의원 비율, 중등 교육 이상 교육받은 여성 비율, 경제 활동 참가율 등을 기준으로 합니다. 전문가들은 모성 사망 비율, 청소년 출산율 등을 기준으로 하는 유엔 개발 계획에서는 우리나라가 높은 순위를 받았다고 분석하였습니다. 반면, 남녀의 노동 참여 및 임금 차이, 국회 의원 비율 차이 등을 상대 평가하는 세계 경제 포럼에서는 성평등 순위가 낮게 나타났습니다.

통계는 객관적인 자료들을 기준으로 사실을 효율적으로 나타냅니다. 하지만 위의 기사와 같이 하나의 주제라도 자료를 조사하는 사람이 중요하게 생각하는 내용과 자료의 종류, 계산하는 방법에 따라 결과는 다르게 나타날 수 있습니다.

1 두 기사에서 한국의 성평등 순위가 다른 이유가 무엇인지 말해 보세요.

2 자신이 한국의 성평등 순위를 매긴다면 순위에 반영되어야 할 내용은 무엇이고, 그 내용이 중요하다고 생각한 까닭은 무엇인지 적어 보세요.

나만의
성평등 순위

• 반영되어야 할 내용:

• 중요하다고 생각한 까닭:

3 통계 자료를 조사할 때 유의할 점에는 어떤 것들이 있을지 말해 보세요.

❸ 성차별 문제를 알리기 위한 자료 수집 계획 세우기

♣ 우리 사회의 성차별의 모습을 알리기 위한 조사 계획을 세워 봅시다.

조사하고 싶은 주제	예 교과서, 직업 및 월급, 국회 의원 비율, 대기업 임원 비율, 미디어 등
조사하고 싶은 이유	
비율 그래프로 표현했을 때의 장점	

❶ 자료 수집하기

♣ 자신이 수집한 자료의 주제는 무엇인지 적어 봅시다.

♣ 자신이 수집한 자료의 숫자들은 어떤 사실을 의미하고 있는지 말해 봅시다.

❷ 비율 그래프로 나타내기

♣ 조사한 자료를 비율 그래프로 나타내 봅시다.

기준	남자	여자	합계
비율			

1 앞에서 조사한 자료를 표로 정리해 보세요.

제목: _____

기준					합계
남자 비율					
여자 비율					

2 1에서 정리한 내용을 비율 그래프로 나타내 보세요.

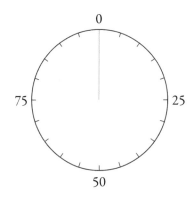

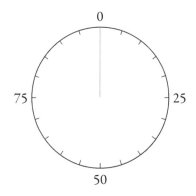

❸ 카드 뉴스 제작하기

♣ 앞선 활동을 바탕으로 카드 뉴스를 만들어 보고, 평화를 위해 스스로 할 수 있는 일을 생각해 봅시다.

1 카드 뉴스는 이미지의 구성 비율이 높아 한눈에 내용을 잘 전달할 수 있어요. 카드 뉴스에 비율 그래프를 활용하면 좋은 점은 무엇일지 적어 보세요.

_____

2 성별에 따라 차별받지 않는 사회의 중요성을 알리기 위한 '나만의 카드 뉴스'를 만들어 보세요.

> **수업 TIP**
> ❶ 책 뒤의 활동지를 활용해 카드 뉴스를 만들어 보도록 안내해 주세요.
> ❷ 학생의 도구 활용 수준에 따라 학습지, 컴퓨터, 휴대폰 앱이나 파워포인트, 미리캔버스, 캔바(Canva) 등의 도구를 사용할 수 있어요.

3 각자 만든 카드 뉴스를 친구들에게 소개하고, 카드 뉴스에 나타난 갈등을 힘을 합쳐 해결할 수 있는 방법에는 어떤 것이 있을지 적어 보세요.

- _____
- _____

4 남녀가 평화롭게 공존하는 사회를 만들기 위해 내가 실천할 수 있는 일은 무엇이 있을지 말해 보세요.

더! 알찬 수업을 만드는 읽기 자료

●● 평화·통일교육과 성평등

평화·통일교육에서 통일은 다른 하나를 흡수하거나 제거하는 것이 아닌, 차이를 마주하고 평화적으로 공존하는 과정이다. 통일의 과정은 남북 갈등뿐 아니라 각 사회에 내재하는 남남 갈등, 북북 갈등의 평화적 전환 과정을 포함한다. 따라서 평화·통일교육에서는 첨예한 남남 갈등 중 하나이며 사회 통합을 저해하는 대표적인 갈등인 성별에 따른 차별과 폭력 문제를 다룰 수 있다. 수학 교과에서 학습한 표와 그래프를 활용하여 문제 상황을 인식하고, 매체를 통해 표현하고 토의하며 학생은 갈등 해결 과정에 필요한 의사 소통 역량, 문제 해결 역량을 기를 수 있다.

●● 평화교육과 미디어 리터러시

미디어 리터러시는 여러 매체의 특징을 이해하고, 메시지를 비판적으로 분석하고 주체적으로 이해하며 의사소통할 수 있는 역량을 말한다. 오늘날 우리 사회의 갈등은 수많은 매체를 통해 보도되며 구체화된다. 이 과정에서 매체는 갈등을 전달할 뿐만 아니라 시민의 의견을 모으는 공론적 의사소통의 장이 되기도 한다. 반면에 거짓 뉴스와 작성자의 가치와 편견이 반영된 콘텐츠는 갈등을 평화적으로 해결하기 어렵게 만들 뿐 아니라 합리적인 의사 결정의 과정으로 이어지지 못하도록 막는다는 점에서 미디어 리터러시는 평화교육에 필요한 요소이다.

학생은 어떻게 개념이 정의되고 어떤 방식으로 자료가 수집되었는지, 어떤 형식으로 숫자들이 표현되었는지에 따라 메시지가 다양하게 해석될 수 있음을 이해하고, 직접 선택한 주제에 대해 비판적으로 자료를 활용함으로써 미디어 리터러시를 기를 수 있을 것이다.

●● 참고하면 좋은 사이트

+ 한국 여성 정책 연구원 성인지 통계 시스템(GSIS)

기관별 성평등 순위에 대한 자세한 정보를 확인할 수 있으며 '통계 DB'의 '주제별' 탭에서 학생들이 관심 있는 주제에 대한 통계 자료를 얻을 수 있다.

+ 국가 인권 위원회 ▶ 활동/소식 ▶ 홍보 자료 ▶ 카드 뉴스

그래프를 활용한 카드 뉴스의 예시를 확인하고, 인권 침해를 알리는 다양한 구성의 카드 뉴스를 확인할 수 있다.

+ 국가 통계 포털(KOSIS) ▶ 쉽게 보는 통계 ▶ 통계 시각화 콘텐츠 ▶ 해·석· 남·녀

건강, 결혼·가정, 경제 활동 등 다양한 주제에 대해 이해하기 쉬운 시각화 자료들을 제공한다.

+ 국가 통계 포털(KOSIS) ▶ 쉽게 보는 통계 ▶ 통계 시각화 콘텐츠 ▶ 내가 말하는 통계 ▶ 2020년도 최우수 작품 클립

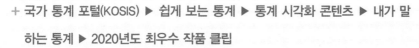

1차시 '❷ 성평등 지수 자료가 다른 이유'의 읽기 자료와 유사한 내용을 시각화하여 설명한 것으로 글을 이해하는 데 어려움을 겪는 학생들을 위한 보조 자료로 활용할 수 있다.

생태 평화를 지키기 위해 함께 노력해요

초등학교 5~6학년군 과학 교과에서는 생명의 연속성과 다양성을 학습해요. 생태계에는 환경에 대한 적응과 진화를 통해 다양한 생물이 출현하지요. 생태계의 구성 요소는 서로 밀접한 관계를 맺고 영향을 주고받으며 상호 작용을 일으켜요. 생태계의 다양성을 인정하고 평화로운 생태적 환경을 만드는 것은 통일 과정뿐만 아니라 통일 이후에도 아주 중요한 요소로 작용할 수 있어요. 비무장 지대의 역할과 가치가 중요한 것도 바로 이 때문이지요. 종의 다양성이 잘 보존되고 있는 비무장 지대의 소중함을 알고, 비무장 지대가 종의 종합 전시장이자 기억의 공간으로서 평화·통일교육의 증인 역할을 할 수 있기를 기대해 봅니다.

#비무장지대 #생태평화 #생태평화말판놀이

들어가기

생명의 연속성과 다양성 등 환경과 생태계 영역을 통합적으로 다루고 있는 이 수업에서는 먼저 비무장 지대의 역할과 장점을 살펴본다. 그리고 멸종 위기종을 보호하고 생태계를 보존하려는 노력을 통해 다양한 생물 간의 평화로운 공존을 지향하는 생태 평화에 관해 이해하며, 이를 통해 자연을 사랑하고 환경을 보호하는 태도를 함양하는 것을 목적으로 한다.

1차시 ❶ 비무장 지대의 생태 환경 알아보기 활동에서는 그림책을 함께 읽으며 비무장 지대가 어떤 곳이며, 그곳의 생태 환경은 어떠한지를 살펴본다. 그리고 ❷ 생태 평화 개념 이해하기 활동에서는 대화 형식의 글을 읽고, 질문에 답하며 생태 평화의 의미와 중요성을 이해한다.

2차시 ❶ 비무장 지대의 미래 모습 상상하기 활동에서는 생태 평화가 이루어진 비무장 지대가 자연환경을 넘어 남북 교류와 공동 대응 등 인문 환경까지 풍요롭게 하는 평화와 화해의 장소가 될 수 있음을 자각할 수 있다. 끝으로 ❷ 생태 평화 말판 놀이 활동으로 배운 내용을 정리하며 수업을 마무리한다.

수업 한눈에 보기

주제	생태 평화의 중요성과 이를 지키기 위한 방법 알아보기	
1차시	비무장 지대의 생태 환경과 생태 평화	❶ 비무장 지대의 생태 환경 알아보기
		❷ 생태 평화 개념 이해하기
2차시	평화의 공간이 될 비무장 지대의 모습 상상하기	❶ 비무장 지대의 미래 모습 상상하기
		❷ 생태 평화 말판 놀이

❶ 비무장 지대의 생태 환경 알아보기

♣ 그림책 《비무장 지대에 봄이 오면》을 함께 읽고, 질문에 답해 봅시다.

수업 TIP 《비무장 지대에 봄이 오면》은 이야기 속 할아버지가 처한 상황을 중심으로 비무장 지대의 역사와 생태 환경을 이해하는 데 좋은 그림책이에요. 책을 읽기 전에 선생님이 미리 비무장 지대에 대해 간략히 설명해 주면 학생들이 비무장 지대가 지닌 생태적 가치를 평화와 연결 짓는 데에 도움이 될 거예요.

◀《비무장 지대에 봄이 오면》 앞표지

1️⃣ 첫 장면의 풍경이 두 개의 원 속에 등장하는 까닭이 무엇인지 말해 보세요.

2️⃣ 그림책에 등장하는 할아버지가 고향에 갈 수 없는 이유를 비무장 지대의 역할과 관련하여 생각하여 적어 보세요.

_____

_____

_____

_____

3 그림책에 묘사된 비무장 지대의 모습을 아래에서 찾아 ○ 표시해 보세요.

아파트가 있다.	푸른 풀밭이 펼쳐져 있다.	군인들이 군사 훈련을 한다
계곡이 흐른다.	철조망이 가로 막고 있다.	
지하철이 다닌다.	연어들이 강을 거슬러 올라온다.	놀이공원이 있다

4 비무장 지대에서 볼 수 있는 동식물을 그림책에서 모두 찾아 적어 보세요.

_____

_____

5 할아버지가 망원경이 아닌 맨눈으로 고향의 풍경을 볼 수 있으려면 어떠한 변화가 필요할지 짝과 말해 보세요.

수업 TIP 시간적으로 여유가 있다면 69쪽에 소개한 멸종 위기종 퀴즈를 진행하며 비무장 지대의 생태 환경을 재미있게 학습할 수 있어요. 학생들이 직접 퀴즈 문제를 내고, 답을 맞춰 보며 비무장 지대의 뛰어난 생태적 가치를 알 수 있을 뿐만 아니라 남북한이 비무장 지대를 함께 보전해 나가야 하는 이유를 자연스럽게 이해할 수 있고, 다음 활동에서 배울 생태 평화의 개념도 맛보기처럼 익힐 수 있어요.

❷ 생태 평화 개념 이해하기

♣ 다음 두 사람의 대화를 읽고, 생태 평화의 의미와 중요성에 대해 알아봅시다.

A 선생님, 저기 플랜카드에 적혀 있는 생물권 보전 지역이 뭐예요?

B 유네스코가 생태 평화가 이루어지고 있는 뛰어난 생태계를 특별히 지정해서 관리하는 지역이야.

A 생태 평화요?

B 응. 생태 평화는 생태계의 모든 존재들이 평등하고 존엄성을 보장받는 상태를 뜻해. 자연이 훼손되지 않고 다양한 생물들이 평화롭게 살아갈 수 있지. 우리 마을 근처의 비무장 지대는 사람의 손이 닿지 않은 지 50년이 넘어서 생태계가 잘 유지되고 있어. 흔히 볼 수 없는 멸종 위기종이나 천연기념물도 많지.

A 정말 중요한 역할을 하는 곳이네요!

B 반대로 사람에 의해서 자연이 훼손되거나 기후 위기로 생태계가 위험에 처한 상태를 생태 폭력이라고 해. 그렇게 되지 않으려면 어떻게 해야 할까?

A 음. 사람들이 계속해서 관심을 갖고 지켜 나갈 방법을 찾아야 해요.

B 맞아. 그 지역의 구성원들이 협력하면 생태 평화는 물론이고 우리 삶의 평화도 가져올 수 있어. 이미 다른 나라에서도 성공한 사례가 있지. 오늘은 그 사례를 찾아볼까?

1 사람에 의해 자연이 훼손되거나 기후 변화로 인해 자연 생태계가 위험에 처한 경우를 찾아 적어 보세요.

_____

_____

2 한반도의 생태 평화가 필요한 까닭은 무엇이고, 평화를 위해 노력해야 할 주체는 누구인지 생각하여 적어 보세요.

한반도의 생태 평화가 필요한 까닭	평화를 위해 노력해야 할 주체
_____	_____

3 한반도의 생태 평화를 위해 우리가 할 수 있는 일은 무엇일지 말해 보세요.

4 환경 분야의 교류와 협력을 통해 평화와 화해의 관계로 전환한 외국의 사례를 찾아보세요.

❶ 비무장 지대의 미래 모습 상상하기

♣ 생태 평화가 실현된 비무장 지대의 모습을 상상해 보고, 글로 표현해 봅시다.

▲ 비무장 지대

- 남북 횡단 열차 개통 및 도로 건설로 자유롭게 여행하며 문화를 교류한다.

- 자연재해, 산불, 감염병 등에 대해 공동으로 연구하고 대응한다.

- 환경 보전 및 멸종 위기종 복원을 위해 남북한이 함께 힘을 합친다.

❷ 생태 평화 말판 놀이

♣ 앞서 배운 내용을 정리하며 짝과 함께 '생태 평화 말판 놀이'를 해 봅시다.

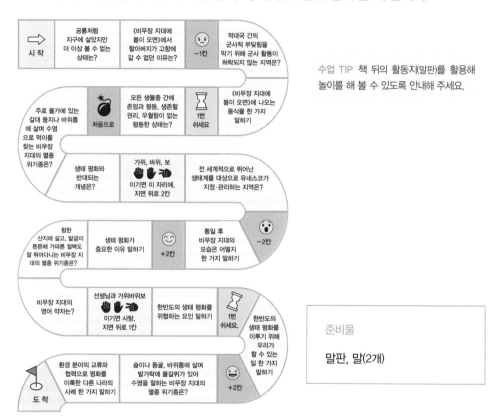

수업 TIP 책 뒤의 활동지(말판)를 활용해 놀이를 해 볼 수 있도록 안내해 주세요.

준비물

말판, 말(2개)

활동 방법

❶ 2명이 짝을 이루어 놀이를 한다.

❷ 가위바위보를 해서 이긴 사람은 한 칸씩 말을 전진한다.

❸ 도착한 말판에 쓰인 미션을 해결해야 말을 자리에 놓을 수 있다.

❹ 미션이 어려울 경우, 선생님과 가위바위보를 하여 이기면 힌트를 얻을 수 있다.

❺ 먼저 '도착'에 말이 다다른 사람이 승리한다.

더! 알찬 수업을 만드는 읽기 자료

●● 비무장 지대(Demilitarized Zone)

비무장 지대란 군대, 무기, 군사 시설 등을 설치하지 않기로 합의한 지역으로, 휴전선으로부터 남북으로 각각 2km씩 펼쳐져 있다. 군사적으로 부딪히지 않도록 병력을 두지 않고 판문점을 두어 남북이 공동으로 관리한다. 오랫동안 사람들의 발길이 닿지 않아 자연 생태계가 훼손되지 않고 보존되어 있으며, 67종의 멸종 위기종을 포함해 2,716종의 야생 생물이 서식한다. 금강초롱 등 10여 종의 한국 특산 식물을 포함한 1천여 종의 식물도 분포하고 있다. 한반도 유일의 동서 광역 생태축으로 산악, 초지, 내륙, 습지, 담수, 해양 생태계가 공존하는 복합 생태계 지역이기도 하다.

●● 생태 평화와 생태 폭력

생태 평화란 인간과 자연이 서로 평등한 관계를 인정하고 공존하며 생존권을 보장받는 상태로, 자연이 훼손되지 않고 다양한 생물이 평화롭게 살아갈 수 있는 것을 말한다. 반대로 개발, 소비, 다툼, 기후 위기 등 사람의 필요에 의해 자연을 훼손하여 다양한 생물들이 살아갈 수 없는 상태는 생태 폭력이라고 한다.

생태 폭력의 한 예로, 꿀벌의 실종을 들 수 있다. 최근 양봉용 꿀벌의 개체 수가 급감하여 전 세계적으로 문제가 되고 있다. 꿀벌이 없으니 꽃의 수분이 어려워져서 생산량이 감소했기 때문이다. 꿀벌의 개체 수가 급감한 원인에는 기후 변화, 먹이로 준 설탕으로 인한 면역력 저하 등이 있다. 그뿐만 아니라 로열제리를 채취하거나 꿀의 양을 늘리기 위해 제대로 방제를 하지 않고 있다가 뒤늦게 과도한 살충제를 사용한 것도 주요한 원인으로 꼽힌다. 이는 인간의 욕심을 위해 생태계를 위협한 일종의 생태 폭력이라고 할 수 있다.

남과 북은 각각 다른 정치적·경제적·사회적·문화적 상황에 처해 있어 저마다 다른 생태 폭력의 양상을 보인다. 예를 들면 남한은 무분별한 개발과 쓰레기 투기로 자연을 훼손하고, 북한은 땔감으로 사용하기 위해 과도하게 나무를 베어 낸다. 1차시 ❷ **생태 평화 개념 이해하기** 활동을 마친 후 심화 활동으로 학생들과 남과 북의 생태 폭력 요인에 대해 조사해 보는 것도 생태 평화의 중요성을 이해하는 데 도움이 될 것이다.

●● 아픔의 상징이 평화와 화합의 장소로 : 독일 그뤼네스 반트(Grünes Band)

제2차 세계 대전에서 패배한 독일은 동독과 서독으로 나뉘어 각각 소련과 연합군의 통치를 받게 되었다. 1949년 동독과 서독에 독립된 정부가 만들어졌고, 1990년이 되어서야 통일될 수 있었다. 분단되어 있던 40여 년 동안 독일 역시 비무장 지대가 존재했다. '철의 장막'이라고도 불리는 높은 철조망이 동독과 서독을 가로막고 있었고, 철조망에서 2km 떨어진 지역은 비무장 지대로 정해졌다.

하지만 통일 이후 독일의 비무장 지대는 거대한 생태 공원으로 완전히 탈바꿈했다. 사람의 발길이 닿지 않은 지 오래였던 이 지역은 개발과 밀렵 등으로부터 안전했기 때문에 야생 생물들이 살아가기에 적합한 지역이었다. 1989년 베를린 장벽이 무너진 직후 독일의 환경 운동가들과 환경학자들이 모여 비무장 지대를 그린벨트로 만들어야 한다고 주장했다. 이를 시작으로 비무장 지대의 생태 환경과 생물 종을 조사했고, 생태계 다양성을 보존하기 위해 공식적인 보호 구역을 형성했다. 또한 지역 주민들과 함께 지속 가능한 미래를 위한 여러 가지 관광 사업을 고민하고 추진했다.

여러 사람의 노력 끝에 냉전의 상징이었던 철의 장막은 생명이 태동하는 생태 평화의 공간으로 변할 수 있었다. 우리나라 역시 국립생태원을 중심으로 비무장 지대 주변의 생태계 조사를 꾸준히 실시하고 있다. 비무장 지대의 생태 평화를 지켜 내는 일은 생태계 다양성 보전에도 유의미한 일이지만 분단의 역사를 기억할 수 있는 공간이 될 수 있다는 점에서 의의가 있다.

●● 함께 읽으면 좋은 추천 도서 목록

❶ 《우리 곧 사라져요》

(이예숙 글·그림)

❷ 《태어납니다 사라집니다》

(유미희 글·장선환 그림)

❸ 《멋진 하루》

(안신애 글·그림)

❹ 《서로를 보다》

(윤여림 글·이유정 그림)

❺ 《오늘은 매랑 마주쳤어요》

(유현미·김아영 글)

❻ 《고마워, 죽어 줘서》

(다니카와 슌타로 글·쓰카모토 야스시
그림·가노 후쿠미 옮김)

●● 1차시 추가 활동 : 비무장 지대 멸종 위기종 퀴즈

각자 비무장 지대에 살고 있는 멸종 위기종을 조사하고, 퀴즈를 통해 짝 또는 모둠 구성원에게 소개하는 활동을 진행할 수 있다. 멸종 위기종의 이미지와 그 특성을 먼저 알려 주고 어떤 동물인지 맞춰 보면서 비무장 지대의 생태 환경을 재미있게 학습할 수 있다. 나아가 이들이 왜 멸종 위기종이 되었는지, 보호하기 위해 어떤 노력을 해야 하는지 생각해 보는 시간을 가져 보는 것도 좋겠다.

나는 누구일까요?

나는 주로 물가에 있는 갈대 둥지나 바위틈에 살아요. 입 주변에 있는 수염은 먹이를 찾는 안테나 역할을 하지요. 그리고 물고기와 뱀을 좋아해요.

"나는 ____수달____ 입니다."

나는 누구일까요?

저는 경사가 급한 바위가 있는 험한 산지에 살고 있어요. 발굽이 튼튼해 가파른 절벽도 잘 뛰어다녀요.

"나는 ____산양____ 입니다."

나는 누구일까요?

저는 숲이나 동굴, 바위틈에 살아요. 발가락에 물갈퀴가 있어 수영도 잘하지요. 스컹크처럼 고약한 냄새가 나기도 해요.

"나는 ____족제비____ 입니다."

프로그래밍으로 배우는
친환경 농업

초등학교 실과는 실천 교과의 성격을 가지고 있어요. 지속 가능한 미래 사회를 만드는 친환경 농업 및 기초 소프트웨어와 관련된 학습 내용에 평화·통일교육의 요소를 접목해 교육 과정에 재미있게 접근해 봤어요. 남북한 친환경 농업의 종류와 중요성을 알고 기초 소프트웨어 관련 활동을 활용하여 학습 내용을 내재화한다면 학습자가 자연스레 평화·통일교육의 내용 및 역량을 익히고, 실과 교과의 성취 기준에 도달할 수 있을 거예요.

#친환경농업 #직소활동 #엔트리 #지속가능한미래

들어가기

　'친환경 농업'을 주제로 하는 이 수업에서는 지속 가능한 미래 사회를 위한 친환경 농업의 역할과 중요성을 알고, 소프트웨어(엔트리)를 활용하여 직접 프로그래밍하는 활동으로 구성된다. 친환경 농업의 중요성과 다양한 종류를 학습하는 과정에서 학생들이 실과 교과의 성취 기준에 도달하게 함과 동시에 남북한 친환경 농업의 예시를 구분 없이 제시하여 학생들은 남북한 모두 친환경 농업을 중요하게 생각하고 있음을 이해할 수 있다. 이에 더해 지속 가능한 미래 사회를 위해 학생 스스로 실천할 수 있는 것을 고민해 보는 것을 목표로 한다.

　1차시 ❶ 친환경 농업의 필요성 알기 활동에서는 브레인스토밍으로 사전 지식을 학습한 다음, 직소 모형을 활용해 ❷ 남북한 친환경 농업의 종류 알아보기 활동을 진행한다. 서로 가르치고 배우는 과정에서 학생들은 학습 내용에 흥미를 가지고 가르치는 즐거움을 느낄 수 있다.

　2-3차시에는 ❶ 친환경 농업 프로그래밍 계획서 작성하기 활동과 ❷ 엔트리 프로그래밍하기, ❸ 작품 소개하고 체험하기 활동으로 배움을 확장한다. 먼저 교사는 학생들에게 예시 자료를 제시하여 진도를 잘 따라오는 학생은 자유롭게 프로그램을 계획·제작하도록 하고, 연습이 필요한 학생은 사전에 미리 제시한 기본 코드의 일부를 변형하도록 안내한다. 이러한 학생 중심 활동과 배움 확장 활동을 통해 학생들이 한반도 친환경 농업의 종류와 중요성을 알고 지속 가능한 미래 사회를 위한 방법을 고민하며 실천을 다짐하리라 기대한다.

수업 한눈에 보기

주제	지속 가능한 미래 사회를 위한 친환경 농업

1차시	지속 가능한 미래 사회를 위한 친환경 농업의 역할 및 남북한 사례 탐구하기	❶ 친환경 농업의 필요성 알기
		❷ 남북한 친환경 농업의 종류 알아보기

2-3차시	기초 소프트웨어를 활용해 친환경 농업 프로그래밍하기	❶ 친환경 농업 프로그래밍 계획서 작성하기
		❷ 엔트리 프로그래밍하기
		❸ 작품 소개하고 체험하기

❶ 친환경 농업의 필요성 알기

♣ 다음 글을 읽고, 질문에 답하며 친환경 농업에 대해 알아봅시다.

　　우리는 과학의 발달로 편리한 생활을 하게 되었지만, 지구 온난화나 환경 오염 등의 여러 환경 문제를 겪고 있어요. 좋지 않은 환경에서 생산된 농축산물은 우리의 건강에도 부정적인 영향을 주지요. 이런 문제를 해결하기 위해 최근에는 '친환경 농업'을 실천하고 있답니다.

　　친환경 농업이란 자연의 자원을 이용하여 농산물을 생산하는 농법을 말해요. 화학 비료와 농약 사용을 줄이고, 가축의 배설물을 퇴비로 만들거나 오리, 지렁이, 참게 등을 활용해서 친환경적으로 농산물을 생산하는 방법이지요. 친환경 농업을 활용하면 지속 가능한 발전이 가능해요. 환경 오염을 줄이고 우리가 사는 생태계를 유지·보존할 수 있을 뿐만 아니라 품질 좋고 안전한 농산물을 생산하면서 생산량도 늘릴 수 있답니다.

　　친환경으로 농사짓는 토지를 생각해 봅시다. 무엇이 떠오르나요? 살아 숨 쉬는 토양, 미생물이나 배설물 등의 비료, 안전한 농산물과 축산물, 마지막으로 직접 기르고 먹거나 활용하는 사람이 서로 영향을 주고받는 모습이 생각나지요. 친환경 농업은 생태계를 이루는 여러 요소들이 자연과 서로 영향을 주고받는 자연 순환 농법이랍니다.

1 빈칸을 채우며 친환경 농업의 의미를 정리해 보세요.

  • 친환경 농업이란 ☐☐의 자원을 이용하여 ☐☐☐을/를 생산하는 농법을
    말합니다.

  • 친환경 농업은 사람과 농작물, 토양, 가축, 미생물, 배설물 등 다양한 요소들
    이 서로 영향을 주고받는 ☐☐ ☐☐ ☐☐입니다.

2 다음은 친환경 농업이 중요한 이유를 정리한 것이에요. 〈보기〉에서 적절한 단어를
골라 빈칸을 채워 보세요.

보기 건강, 농촌, 보호, 생태계, 안전, 오염, 최소화

  • ☐☐하고 ☐☐한 식량 공급이 가능하다.
  • 환경 ☐☐을/를 ☐☐☐하며 농사를 지을 수 있어 환경을 ☐☐할 수 있다.
  • ☐☐ 사회를 유지하고 ☐☐☐를 보존할 수 있다.

② 남북한 친환경 농업의 종류 알아보기

♣ 직소 모형을 활용해 모둠의 구성원들과 남북한 친환경 농업의 종류를 서로 가르치
고 배워 봅시다.

1 모둠의 구성원들은 각각 한 농법씩 맡아 관련된 자료를 읽어 보세요.

2 모둠 간 같은 자료를 읽은 사람끼리 모여 더 자세히 공부한 후 자신이 맡은 친환경 농업 방법의 특징을 간단히 정리해 보세요.

3 원래 모둠으로 돌아가 자신이 공부한 내용을 다른 친구들에게 설명해 보세요.

4 자신의 설명을 들은 모둠원들이 어떤 질문을 했는지 적어 보세요.

- _____
- _____
- _____

5 다른 친구의 설명을 듣고 배운 내용을 정리해 보세요.

이름	소개한 농법	농법의 특징	생각 또는 질문

6 이번 활동을 통해서 느낀 점이나 새롭게 알게 된 점을 말해 보세요.

❶ 친환경 농업을 소재로 한 프로그래밍 계획서 작성하기

♣ 친환경 농업을 소재로 한 엔트리 예시 작품을 체험해 봅시다.

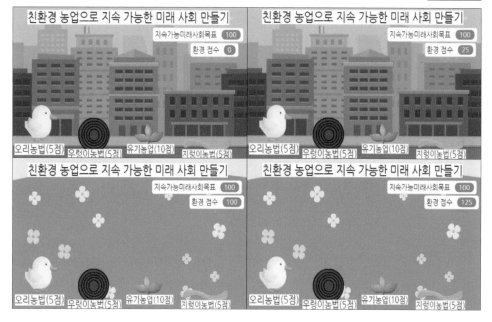

1 프로그램의 제목은 무엇인지 적어 보세요.

_____

2 프로그램의 과정을 설명해 보세요.

♣ 예시 작품의 코드를 참고하여 엔트리를 직접 만들어 봅시다.

활동 방법

❶ [오브젝트 추가하기] – [글상자]에서 제목을 '친환경 농업으로 지속 가능한 미래 사회 만들기'로 설정한다.

❷ [오브젝트 추가하기] – [배경]에서 '회색 도시'와 '꽃밭'을 선택한다. 이때 '꽃밭'은 '회색 도시'의 뒤로 배치한다.

❸ '오리 농법', '우렁이 농법', '지렁이 농법', '유기 농업' 4개의 오브젝트를 추가한다. 기본 오브젝트에 이미지가 없는 경우 [새로 그리기]에서 직접 만들거나 [파일 올리기]에서 비슷한 그림을 추가한다.

❹ [속성]에 들어가 '지속가능미래사회목표'와 '환경 점수'를 변수로 추가한다. 이때 '지속가능미래사회목표'는 100으로 설정한다.

❺ 아래 예시 코드를 참고하여 '오리 농법', '지렁이 농법', '우렁이 농법' 오브젝트를 클릭하면 5점씩 올라가도록 블록을 각각 조립한다.

❻ 아래 예시 코드를 참고하여 '유기 농업' 오브젝트를 클릭하면 10점씩 올라가도록 블록을 조립한다.

❼ '회색 도시' 오브젝트에 '환경 점수'가 '지속가능미래사회목표'인 100을 넘으면 배경이 바뀌도록 블록을 조립한다.

♣ 엔트리 프로그래밍 계획서를 작성해 봅시다.

프로그램 제목		
친환경 농업 소재		
프로그램 방법		
오브젝트		
프로그램 동작 설계	입력	
	처리	
	출력	

수업 TIP 진도를 잘 따라오는 학생은 자유롭게 프로그램을 계획하고 제작할 수 있도록 지도하고, 연습이 필요한 학생은 사전에 미리 제시한 기본 코드의 일부를 변형하도록 알려 주세요. 이때 기존 계획서의 항목을 수정하여 기존의 프로그램과 자신이 응용한 과정이 어떻게 다른지 적어 보도록 하면 좋습니다. 이 활동은 학생 중심의 활동이 되도록 하는 것이 중요합니다.

❷ 엔트리 프로그래밍하기

♣ 앞서 작성한 계획서를 아래 체크 리스트를 바탕으로 검토한 후 엔트리 프로그램을 직접 제작해 봅시다.

☐ 프로그램 제목을 입력했나요?	☐ 필요한 오브젝트를 추가했나요?
☐ 프로그램의 주제에 맞는 배경을 설정했나요?	☐ 프로그래밍 과정에 맞는 변수를 추가했나요?
☐ 직접 실행하며 화면 구성과 진행 과정을 확인했나요?	☐ 처음 계획과 비교하며 프로그램을 수정했나요?

❸ 작품 소개하고 체험하기

♣ 서로의 프로그램을 소개하고 체험해 봅시다.

모둠 친구	제목	프로그램의 특징	느낀 점

♣ 가장 인상 깊은 프로그램 한 가지를 분석해 봅시다.

1 체험한 프로그램 중 가장 인상 깊은 프로그램과 그 이유는 무엇인지 적어 보세요.

• 프로그램 제목: _____

• 선택 이유: _____

_____

2 프로그램의 실행 과정을 설명해 보세요. (입력, 출력 / 순차, 선택, 반복 등)

3 선택한 프로그램을 내가 만든다면, 어떤 부분을 추가하거나 수정하고 싶은지 적어 보세요.

_____

_____

_____

4 친환경 농업 관련 프로그램을 직접 만들어 보면서 느낀 점이나 새롭게 알게 된점, 더 궁금한 점은 무엇인지 친구들과 이야기를 나누며 정리해 보세요.

더! 알찬 수업을 만드는 읽기 자료

1차시 ❷ 남북한 친환경 농업의 종류 알아보기 활동에서는 직소 모형(과제 분담 학습)을 활용해 서로 가르치고 배우는 활동을 한다. 학생들에게 먼저 유기 농업, 오리 농법, 지렁이 농법, 우렁이 농법을 제시한 후 각자 원하는 것을 선택하여 조사하게 한다.

다음은 이 활동에 제시된 네 가지의 친환경 농법에 관한 설명으로, 학생이 조사를 어려워하는 경우 다음 자료를 통해 정보를 제공할 수 있다.

●● 유기 농업

유기 농업은 화학 물질을 사용하지 않고 유기물, 미생물, 광석 등 자연적 자재와 자연스럽게 일어나는 자연의 과정을 통해 농사짓는 방법이에요. 제초제, 살충제, 살균제, 합성 농약, 화학 비료, 생장 조정제, 제초제 등을 전혀 사용하지 않아요. 대신에 동물의 분뇨와 짚을 이용한 퇴비, 풀로 만든 녹비(풋거름) 등 유기물 유래 비료를 사용해요. 또 천적 곤충을 활용하거나 미생물 농약, 섞어짓기(서로에게 좋은 영향을 주는 두 종류 이상의 작물을 동시에 같은 땅에서 재배하기), 돌려짓기(한 땅에 여러 가지 다른 농작물을 해마다 바꾸며 재배하여 땅의 힘을 유지시키기) 등의 방법을 사용하기도 해요. 오리 농법, 지렁이 농법, 우렁이 농법 모두 유기 농업에 해당하지요.

이러한 방법을 통해 토양의 힘이 회복되고 작물이 병충해에 저항하는 힘이 자연적

으로 생기면 농축산물을 안전하게 기를 수 있고, 인간도 더 건강해지겠죠? 자연 순환 법칙을 통해 인간은 자연과 공존하며 지속 가능한 미래 사회를 건설할 수 있어요. 또한 유기 농업을 활용하면 농업 생산력을 발전시켜 농가의 수익을 보장할 수 있고, 소비자도 안전하고 신선한 먹거리를 먹을 수 있답니다. <u>남한뿐만 아니라 북한에서도 농약 사용을 줄이기 위해 우렁이 농법, 오리 농법, 지렁이 농법 등의 유기 농업 방식으로 농사를 짓고 있어요.</u>

●● 오리 농법

벼농사를 할 때 논에 오리를 풀어 함께 키우는 농사 방법을 의미해요. 이때 오리를 일부러 훈련시키는 것이 아니라 오리의 자연적인 특징을 활용해요. 오리 농법은 농약과 화학 비료의 사용량을 줄여 친환경 쌀을 생산하는 데 도움을 주지요.

오리 농법은 몸집이 작은 청둥오리를 활용해요. 모내기 25~30일쯤 후, 아침에 오리를 논에 풀어 놓았다가 저녁에 오리를 다시 불러들여요. 한 번에 너무 많은 오리를 풀어 놓으면 먹이가 부족하여 벼농사에 오히려 피해가 갈 수 있으므로 적정 오리 수(300평당 25~30마리 정도)를 지키는 것이 중요해요.

오리는 어린 잡초를 뜯어 먹어서 잡초가 자라는 것을 막고, 벼에 달라붙어 있는 벌레를 잡아먹어 병해충을 막아 주지요. 잡초와 벌레를 먹기 위해 오리가 벼 사이사이를 움직이는 것은 벼에 적절한 자극을 주어 오히려 벼의 생명력을 강하게 하는 장점이 있답니다. 또 퇴비나 화학 비료를 군이 넣어 주지 않아도 오리의 분뇨가 자연스레 거름이 되어 벼가 잘 자라도록 도와주어요. 이러한 친환경적인 오리 농법은 벼를 잘 자라게 하는 것과 동시에 땅의 힘을 길러 주는 데에도 도움이 된답니다.

이처럼 벼와 오리의 공생 관계가 형성되고, 이후 농민들은 오리고기로 부수입을 올릴 수도 있기 때문에, 오

리 농법은 자연과 인간이 공존하는 방법이라고 할 수 있어요.

●● 지렁이 농법

농사지을 때 농약이나 화학 비료를 사용하지 않고, 지렁이의 자연적인 특성과 지렁이가 배설한 분변토를 활용하는 농사 방법이에요.

지렁이는 땅의 낙엽과 같은 유기물을 땅속에 있는 자신의 서식지로 옮긴 후 흙과 함께 섭취해요. 유기물을 운반하는 과정에서 땅 표면과 땅속 물질의 순환이 일어나요. 지렁이의 움직임이 농사를 지을 때 쟁기로 밭을 가는 행위를 대신하는 것이지요. 그래서 지렁이가 많은 토양은 지렁이의 움직임으로 땅속에 미세한 굴이 많이 생겨 흙이 부드럽고 비옥하며 공기가 잘 통한답니다. 또 지렁이는 주변의 악취를 흡수하고 해충을 막는 역할까지 하지요.

지렁이 분변토는 크기가 작으며 보수성(토양이 장시간 수분을 보유하는 능력), 배수성(물이 빠지는 성질), 통기성(공기가 잘 통하는 성질)이 뛰어나요. 그리고 식물 성장에 필요한 영양분을 다량으로 함유하고 있고 유해균의 발생이나 번식을 억제하는 성질이 있어서 농산물이 뿌리를 내리고 잘 자라는 데에 도움을 줍니다.

양계장에서도 지렁이를 사용합니다. 왜일까요? 지렁이는 콩보다 여섯 배나 많은 단백질을 가지고 있고 철과 비타민도 풍부하기 때문에 평양의 한 양계장에선 몸이 약해진 닭의 사료에 지렁이를 섞어 주기도 한다고 해요. 허약한 닭들을 따로 모아 지렁이를 섞은 사료를 주면 회복도 빨라지고 달걀도 정상적으로 낳을 수 있어 농촌 경제에 도움이 된다고 합니다.

●● 우렁이 농법

우렁이는 풀을 좋아하기 때문에 농사를 지을 때 우렁이를 활용하면 잡초 대부분을 뜯어먹어 제초제를 쓸 필요가 없어요. 그런데 우렁이가 벼도 먹으면 어떡할까요? 걱정하지 마세요. 우렁이는 물속에 있는 풀만 먹기 때문에 모를 크게 키워 물에 잠기지 않도록 하면 농산물에는 피해가 가지 않아요. 또 우렁이의 배설물은 화학 비료의 역할을 하고, 가을이 되면 우렁이가 땅속으로 들어가 죽어서 유기질 비료가 되기 때문에, 토양을 비옥하게 만들어 주지요.

간혹 토종 우렁이를 활용하는 경우도 있지만 주로 중국 남부 지방에서 들여온 열대산 왕우렁이를 활용해요. 제초 효과가 훨씬 좋기 때문이에요. 다만 우렁이는 해충 문제를 해결하지는 못해요. 그래서 일부 농촌에서는 우렁이가 잡초를 해결하면 오리를 풀어 벌레나 해충을 잡아먹도록 하기도 한답니다. 우렁이가 직접적으로 병해충을 없애진 못하지만, 우렁이가 잡초를 먹는 과정에서 벼의 생명력이 강해지고 병해충에 저항하는 힘도 커진다고 하니 간접적으로도 좋은 영향을 준다고 할 수 있어요.

이러한 우렁이 농법은 김해 봉하 마을, 황해남도 안악군과 신천군, 평안북도 염주군과 박천군 외에도 한반도 여러 지역에 널리 퍼져 사용되고 있답니다. 특히 평안북도 염주군에선 원래 4~5톤 정도의 쌀을 수확했는데, 우렁이 농법을 도입하면서 수확량이 12톤 이상으로 크게 늘어났다고 해요.

남과 북의 학생들이 함께 즐기는 운동회 종목 만들기

초등학교 5~6학년군 체육 교과에서 다루는 다양한 신체의 움직임을 바탕으로 학생들이 경쟁하는 게임을 평화·통일교육과 연결했어요. 특히 경쟁을 상대를 이기기 위한 것이 아니라 평화적인 시각으로 바라보고 함께 어울리며 평화롭게 지낼 수 있는 지혜를 얻는 과정으로 생각했습니다. 남과 북은 70년 넘게 떨어져 지내 왔지만 함께 즐기고 어울리는 운동회의 모습은 서로 크게 다르지 않아요. 남과 북의 운동회를 각각 알아보고, 남과 북이 함께 하는 한마음 운동회를 준비하는 활동을 통해 체육 교과를 평화·통일교육의 관점으로 접근합니다.

#남북단일팀 #북한운동회 #종목만들기 #한마음운동회

이 수업은 "건강한 생활을 위한 신체적 여가 활동 계획을 수립하여 실천한다."라는 5~6학년 체육 교과 성취 기준에서 출발한다. 핵심 활동은 남과 북의 학생들이 어울려 운동회를 하는 상황을 부여하고, 함께 할 수 있는 운동회 종목을 만들어 보는 것이다. 남과 북 대부분의 학교에서 이름은 달리 하지만 운동회를 하고 있다. 남과 북의 운동회를 살펴보고, 남북이 함께 할 수 있는 운동회 종목을 만들 때 어떤 점을 생각해야 하는지 알아보려는 노력을 통해 남과 북의 평화와 통일을 이루기 위한 마음 자세를 갖출 수 있다.

1차시로 구성된 이 수업은 ❶ **여자 아이스하키 남북 단일팀 이야기 보기** 활동으로 도입 단계를 구성하였다. 2018년 평창 동계 올림픽 때 여자 아이스하키 남북 단일팀이 만들어졌다. 당시 여러 논란과 우려가 있었음에도 불구하고 단일팀은 많은 사람에게 '우리는 하나'라는 감동을 주었다. 이 사례를 살펴보며 학생들은 남북이 함께 하는 운동회를 상상해 볼 수 있다. ❷ **남과 북의 운동회 모습 알아보기** 활동에서는 남과 북의 운동회를 조사하고 각각의 특징을 찾아본다. 이 활동을 통해 학생들은 남과 북의 운동회 종목에 대한 이해와 더불어 남과 북이 긴 시간 떨어져 지내 왔지만 여전히 공통점이 많다는 것을 발견할 수 있다. 마지막으로 ❸ **남북 한마음 운동회 종목 만들기** 활동에서는 남과 북의 학생들이 함께 할 수 있는 운동회 종목을 만들기 위한 노력을 기울여 보고, 이를 실제로 해 보면서 이 수업의 의미를 더욱 깊이 있게 성찰할 수 있다.

수업 한눈에 보기

주제	남북 한마음 운동회 종목 만들기	
1차시	남과 북의 학생들이 함께 어울려 즐길 수 있는 운동회 종목 만들기	❶ 여자 아이스하키 남북 단일팀 이야기 보기
		❷ 남과 북의 운동회 모습 알아보기
		❸ 남북 한마음 운동회 종목 만들기

❶ 여자 아이스하키 남북 단일팀 이야기 보기

♣ 2018년 평창 동계 올림픽의 여자 아이스하키 남북 단일팀 마지막 경기 이야기를 보고 질문에 답해 봅시다.

남북 단일팀 마지막 날, 우린 모두 하나였다

5전 전패. 하지만 남북 단일팀은 "역사의 순간"(영국 BBC)이었고,
"올림픽 정신"(토마스 바흐 IOC 위원장)이었다.

"처음에 여기 강릉에 도착했을 때는 정말 남측 선수도 모르고 서먹서먹했습니다. 진짜 우리가 이 선수들과 마음을 합쳐 잘 뛸 수 있는가 하는 우려감도 있었지만, 여기 진천에서부터 같이 매일 훈련을 하면서 진짜 우리는 언어도 하나 핏줄도 하나 진짜 어디 갈 데 없는 조선 민족이로구나, 하는 걸 느꼈습니다. 남측 선수들과 남이라고 생각하지 않습니다. 한겨레로서 단일팀으로 나가는 게 진짜 긍지스럽고, 우리 조선이 하나로 나간다는 게 정말 장하고, 이 경기장에 우리 단일팀밖에 없는 것처럼 느껴졌습니다."

황춘금 여자 아이스하키 남북 단일팀 선수

"헤어지는 게 매우 어려울 거예요. 선수들은 함께 정말 잘 지냈습니다. 오늘 이 단일팀의 올림픽 마지막 경기라고 말하기 전에, 선수들에게 매우 자랑스럽다고 먼저 말하고 싶습니다. 정치인들은 너희들에게 합치라고 요구했지만, 단일팀은 너희들이 만들어 낸 것이라고 선수들에게 말했습니다. 만약 남북 선수들이 잘 해내지 못했다면, 이 팀은 한 팀이 되지 못했을 겁니다. 그리고 제대로 돌아가지 못했을 겁니다. 우리 팀의 성공은 모두 선수들 덕분입니다."

세라 머리 여자 아이스하키 남북 단일팀 감독

"다들 정이 많이 들었어요. 서로 보고 싶을 거라고 하면서, 아프지 말고 잘 지내고 있다가 꼭 다시 보자고 얘기했어요. 앞으로 계속 연락이 되고 만날 수도 있는 사람이면 그래도 마음이 괜찮을 텐데 다시는 못 볼 수도 있으니까 마음이 아파요."

최지연 여자 아이스하키 남북 단일팀 선수

1 여자 아이스하키 남북 단일팀의 이야기를 보며 어떤 생각이 들었는지 적어 보세요.

_____

_____

2 자신이 만약 단일팀의 선수였다면 어떤 느낌이었을지 말해 보세요.

❷ 남과 북의 운동회 모습 알아보기

♣ 남과 북의 운동회 모습을 살펴보고, 각각 어떤 특징이 있는지 알아봅시다.

☐ 남쪽 운동회 장면을 보여 주는 아래 내용과 직접 경험한 운동회의 모습을 참고하여, 남쪽 운동회 종목에는 어떤 특징이 있는지 〈보기〉에서 찾아 빈칸에 적어 보세요.

협동 제기차기 8명의 학생이 협동하여 제기를 떨어뜨리지 않고 연속해 받아치는 게임이에요.

6인 7각 6명의 학생이 한 발씩 연결하고 움직여 함께 반환점을 돌아오는 게임이에요.

줄다리기 양 팀 모든 학생이 한 마음으로 줄을 자기편쪽으로 끌어당기는 게임이에요.

> 보기 경쟁, 공동체, 배려, 분함, 승리, 아픔, 어려움, 여럿이 함께, 전통 놀이, 즐거움, 필승, 협동, 협력

• 특징(5가지): _____

2 북쪽 운동회 장면을 보여 주는 아래 내용을 참고하여, 북쪽 운동회 종목에는 어떤 특징이 있는지 〈보기〉에서 찾아 빈칸에 적어 보세요.

병 끼고 달리기 작은 막대기가 연결된 낚싯대를 이용해 병 안으로 작은 막대기를 넣은 후 그 병을 들고 달리는 게임이에요.

코끼리 공 몰기 고깔을 얼굴에 쓰고 공을 몰아 반환점을 돌아오는 게임이에요.

공 세 개 안고 뛰기 세 개의 공을 안고 달리는 게임이에요.

통일 열차 10명이 발을 한쪽씩 묶고 앞 사람의 어깨를 잡은 채 경주하는 게임이에요.

보기 경쟁, 공동체, 배려, 분함, 승리, 아픔, 어려움, 여럿이 함께, 전통 놀이, 즐거움, 필승, 협동, 협력

• 특징(5가지): _____

❸ 남북 한마음 운동회 종목 만들기

♣ '1차시 ❷ 남과 북의 운동회 모습 알아보기' 활동을 떠올리며, 남북 한마음 운동회의 종목을 만들어 봅시다.

1 남북 학생들이 함께 하는 한마음 운동회를 상상하며, 다음 질문에 답해 보세요.

(1) 남과 북의 운동회에 공통으로 있는 특징을 찾아 적어 보세요.

_____

(2) 남과 북의 학생들이 함께 한마음 운동회를 한다면 이 운동회의 목적은 무엇일 지 말해 보세요.

(3) (2)번에서 답한 남북 한마음 운동회의 목적에 따른 운동회 종목의 특징은 어떠 해야 할지 적어 보세요.

- _____

- _____

2 남과 북의 학생들이 함께 할 수 있는 한마음 운동회 종목을 만들어 보세요.

활동 방법

❶ 앞서 찾은 남과 북의 운동회 종목의 특징을 참고하여 남북이 함께 할 수 있는 운동회 종목을 생각해 본다.

❷ 종목의 이름, 특징, 준비물, 주의할 점을 떠올려 적는다.

❸ 글과 그림을 사용하여 경기 방법을 자유롭게 표현한다.

수업 TIP 학생들이 새로운 종목을 만들기 어려워한다면 기존에 알고 있던 운동회의 종목을 변형해 생각해 볼 수 있도록 안내해 주세요. 또한 모든 학생이 쉽고 즐겁게 참여할 수 있는 종목을 만들 수 있도록 지도해 주세요.

종목 이름			
종목의 특징		준비물	
경기 방법			
주의할 점			

♣ 각자 만든 종목을 모둠에서 해 보고, 수정할 점을 찾아 고쳐 봅시다.

더! 알찬 수업을 만드는 읽기 자료

●● 북한의 운동회 모습

북한에서도 운동회를 한다. 북한의 학교에서는 1년에 두 번, 봄가을에 운동회를 한다. 운동회의 이름은 시기에 따라 조금씩 바뀌기도 하지만, 보통 봄에는 '봄철소년운동회', 가을에는 '가을철소년운동회'라고 부른다. 봄철에는 6월 1일(국제아동절)이나 6월 6일(소년단 창립일) 전후에, 가을철엔 9월 5일(교육절) 전후에 주로 열린다.

운동회의 형식은 남쪽과 비슷하다. 학생들을 여러 개의 조로 편성해 운동 종목에 따라 시합을 하고, 장기 자랑도 한다. 교사와 학부모가 참여하는 경기도 있다. 조 편성에서 재미있는 건 명칭이다. 예전에는 백두산·금강산·압록강·두만강 등 북한의 이름난 산과 강 이름을 붙였고, 최근에는 총폭탄·방패·결사옹위(죽음을 각오하고 북한의 최고 지도자 일가를 지키겠다는 의미) 등 전쟁과 충성을 강조하는 명칭도 사용한다. 운동회 종목으로는 밧줄 당기기, 눈 가리고 달리기, 씨름 등 여러 가지가 있는데, 우리와 다른 종목은 '미군 때리기'가 대표적이다.

운동회의 뜨거운 열정 또한 남과 북이 비슷하다. 교사, 학생 가리지 않고 모두 함께 나와 소리치고 춤을 춘다. 북한의 운동회는 대체로 오전엔 운동, 오후엔 장기 자랑을 하는 순서로 진행되며, 점심시간에는 각자 준비한 도시락을 먹는다. 운동회가 열리는 학교 앞에는 아이스크림, 사탕, 과자 등 각종 간식을 파는 상인들이 모여드는데, 이는 운동회 날이면 어른, 아이 할 것 없이 시원한 물과 아이스크림과 같은 간식을 많이 찾기 때문이다. 운동회를 마치면 남한처럼 상을 준다. 이때 받는 상은 대개 혁명 정신과 충성을 강조하는 책이나 공책, 볼펜 같은 것들이다.

●● 남북의 스포츠 협력 사례

❶ 베이징 아시안 게임(1990년)에서 공동 응원 팀을 조직하고, '한반도기'를 응원에 사용했다.

❷ 분단 이후 최초의 남북한 체육 교류인 통일 축구 대회(1990년)가 평양과 서울에서 번갈아 열렸다.

❸ 제41회 세계 탁구 선수권 대회(1991년 4월), 제6회 세계 청소년 축구 대회(1991년 6월)에서 남북 단일팀을 구성하고, 그 명칭을 '코리아(korea)'로 정했다. 국제 대회에서 공식적으로 처음 '한반도기'를 사용했다.

❹ 6·15 공동 선언(2000년) 이후 시드니 하계 올림픽에서 남북이 동시 입장했다. 부산 아시안 게임(2002년)에 북한 대표단과 응원단이 참가했으며, 아테네 하계 올림픽(2004년)에도 남북이 동시 입장했다.

❺ 남한 ITF(국제 태권도 연맹) 초청으로 북한 태권도 시범단의 서울과 춘천 공연(2007년)이 있었고, 이듬해 남한 ITF 시범단도 평양 공연(2008년)을 하였다.

❻ 평창 동계 올림픽(2018년)을 위해 남북 스키 선수단이 공동 훈련을 하였으며, 올림픽에 동시 입장하였다. 또한 여자 아이스하키 남북 단일팀을 구성해 경기에 참가하였다.

▲ 한반도기

평화 오징어 게임을 하며 평화를 생각해요

초등학교 체육 교과는 신체 활동을 통해 신체 활동의 가치를 내면화하고 체육 교과의 핵심 역량을 함양함으로써 전인 교육을 실현하는 것을 목표로 합니다. 일련의 신체 활동 전반을 통해 학생들은 신체적 건강은 물론, 서로에 대한 배려와 협동을 경험하며 사회적·정서적 성장을 이루게 되지요. 여기에서 제시하는 활동은 이러한 체육 교과의 목표 및 성격에 평화·통일교육의 요소를 더하였어요. 협동을 중심 가치로 진행하는 신체 활동을 통해 학생들은 체육 교과의 역량과 더불어 평화의 가치를 인식하고 평화·통일을 지향하는 역량을 함양할 수 있습니다.

#다함께꽃이피었습니다 #놀이 #평화가치카드 #평화오징어게임

이 수업은 체육 교과의 건강 영역 5~6학년군 내용 요소 중 '운동 체력의 증진'과 연계하여 진행한다. "운동 능력을 향상시키기 위한 체력 운동을 선택하고 자신의 수준에 맞는 운동 계획을 세워 실천한다."라는 성취 기준을 바탕으로, 운동 체력 중 민첩성 향상을 위한 운동 활동으로 활용할 수 있다. 이 수업의 목표는 학생이 신체 활동 속에서 평화의 가치를 인식하고 이를 실천할 수 있는 능력을 함양하는 것이다. 이 목표를 달성하기 위해 협력적 관점에서 전통 놀이 '오징어 게임' 놀이의 규칙을 직접 바꾸어 보고 실행하는 것을 핵심 활동으로 구성하였다.

　수업의 효과적인 운영을 위하여 1차시 첫 번째 활동으로 ❶ **놀이 속에서 가치 찾기** 활동을 제시했다. 도입 단계에서 이루어지는 이 협동 놀이를 통해 학생들은 놀이의 목적을 평화적 관점에서 인식하고, 그 속에서 발견하는 가치에 공감할 수 있다. ❷ **'오징어 게임' 놀이 알아보기** 활동에서는 '오징어 게임' 놀이의 규칙을 알아본 뒤 실제 놀이에 참여하고, ❸ **'오징어 게임' 놀이 평가하기** 활동을 통해 평화적 관점에서 놀이의 규칙을 평가해 본다. 2차시의 ❶ **'평화 오징어 게임' 놀이 만들기** 활동에서는 토의를 통해 놀이 규칙을 평화적으로 바꿔 본다. 이때 규칙을 평가하는 기준과 규칙 만들기의 주안점을 함께 설정해 본다. ❷ **'평화 오징어 게임' 놀이 참여하기** 활동에서는 주도적으로 참여하여 만든 '평화 오징어 게임' 놀이를 해 본다. 마지막으로 ❸ **놀이 속의 평화, 그리고 우리** 활동에서는 놀이 참여 소감을 나눔으로써 학생은 사회적 약자에 대한 공감, 놀이의 폭력성을 평화적으로 극복하는 방법을 직간접적으로 경험할 수 있으며, 모두가 즐겁게 놀이에 참여하는 기쁨을 일상으로 확대할 수 있는 태도를 갖출 수 있다.

수업 한눈에 보기

주제	평화 놀이를 만들고, 놀이에 즐겁게 참여하기	
1차시 수업 TIP 1차시를 2차시로 구성하여, 총 3차시 수업으로 진행할 수 있습니다.	놀이와 평화의 관계를 이해하고 '오징어 게임' 놀이의 규칙 평가하기	❶ 놀이 속에서 가치 찾기
		❷ '오징어 게임' 놀이 알아보기
		❸ '오징어 게임' 놀이 평가하기
2차시 	'평화 오징어 게임' 놀이 만들어 참여하고 소감 나누기	❶ '평화 오징어 게임' 놀이 만들기
		❷ '평화 오징어 게임' 놀이 참여하기
		❸ 놀이 속의 평화, 그리고 우리

❶ 놀이 속에서 가치 찾기

♣ 자신이 생각하는 평화의 의미를 자유롭게 말해 봅시다.

수업 TIP 의미를 떠올리기 어려워하는 학생들에게는 '체육 활동'과 '평화'의 가치를 연결 지어 생각해 볼 수 있도록 안내하거나 발문을 "여러분에게 가장 즐거운 시간은 언제인가요?", "여러분이 가장 많이 싸우는 시간은 언제인가요?", "지속 가능한 체육 시간을 위해 필요한 가치에는 어떤 것들이 있을까요?" 등으로 바꾸어 제시해 주세요.

♣ 함께하는 즐거움을 생각하며 '다 함께 꽃이 피었습니다' 놀이에 참여해 봅시다.

❶ 역할을 정하고 시작 준비를 해요.

❷ 술래는 결승선에서 뒤돌아서서 "다 함께 꽃이 피었습니다!"를 외쳐요. 다른 학생들은 술래가 말할 동안 결승선을 향해 뛰어요. 술래가 뒤돌아보면 멈춰요.

❸ 술래는 뒤돌아 친구들의 위치를 확인한 뒤 학급 친구의 이름을 넣어 "○○꽃이 피었습니다!"를 외치고 5초를 천천히 셉니다. 다른 학생들은 재빨리 ○○를 찾아 5초 안에 ○○ 주변으로 큰 원을 만들어요. 이때 ○○는 위치를 이동하면 안 돼요.

❹ ❷번과 ❸번을 반복하여 3분 안에 결승선에 도착하면 모두의 승리!

수업 TIP 학생들의 수준을 고려하여 시간을 조절해서 제시할 수 있어요.

❔. 인원이 많은 경우에는 어떻게 할까요?

❕. 인원이 많은 경우 팀을 나누어 진행해요. 두 번째 팀은 출발선 뒤에서 준비하다가 첫 번째 팀이 결승선에 도착하면 이어서 출발해요. 이때 팀별 경쟁을 하는 것은 아니에요. 모든 팀이 결승선에 도착하면 전체가 승리하는 거예요.

♣ '다 함께 꽃이 피었습니다' 놀이를 하며 느낀 점을 발표해 봅시다.

① 놀이에서 발견할 수 있었던 가치를 다음 평화 가치 카드에서 골라 보세요. 빈칸에
는 또 다른 평화 가치에는 어떤 것이 있는지 적어 보세요.

배려	존중	협동	신뢰	관용
예의	정직	용기	겸손	

② 자신이 고른 가치 카드를 활용하여 이 놀이에 참여한 소감을 말해 보세요.

③ 놀이를 바꾼다면 어떤 점에 주의하여 바꾸면
좋을까요? 자신이 가장 강조하고 싶은 가치
를 골라 말해 보세요.

> 수업 TIP 이때 학급 전체에서 가장 많이
> 선택한 가치를 골라, 1차시 ❸ '오징어 게
> 임' 놀이 평가하기 활동에서 활용할 수 있
> 어요.

❷ '오징어 게임' 놀이 알아보기

♣ 다음 글과 그림을 보고 '오징어 게임' 놀이의 규칙을 알아봅시다.

> 공통 규칙
>
> ❶ 허리에 달고 시작한 조끼(꼬리)를 떨어뜨리거나 다른 팀에 빼앗기면 탈락이에요.
>   수비팀도, 공격팀도 모두 탈락될 수 있어요.
>
> ❷ 정해진 시간 동안 더 많은 점수를 얻은 팀이 이겨요.

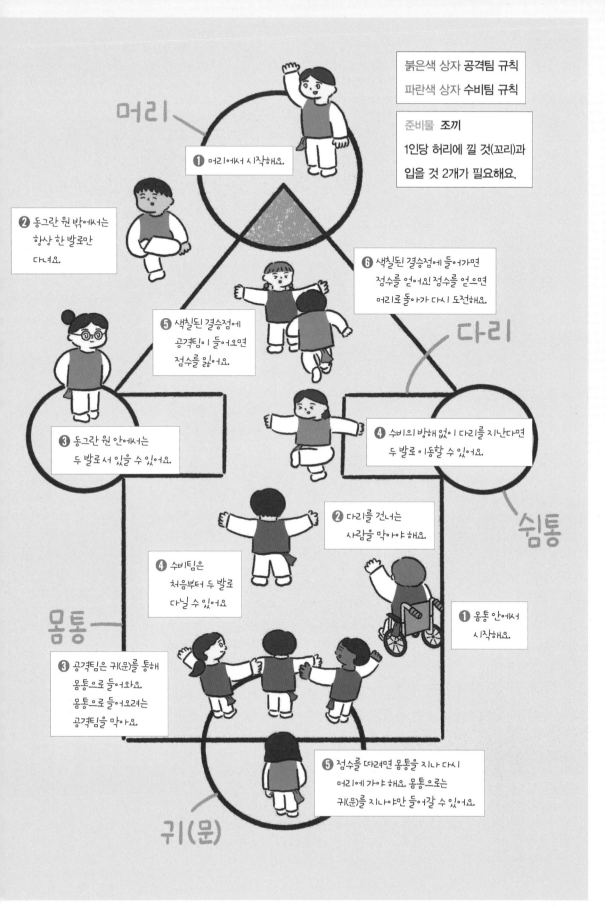

붉은색 상자 공격팀 규칙
파란색 상자 수비팀 규칙

준비물 조끼
1인당 허리에 낄 것(꼬리)과
입을 것 2개가 필요해요.

머리

❶ 머리에서 시작해요.

❷ 동그란 원 밖에서는
항상 한 발로만
다녀요.

❻ 색칠된 결승점에 들어가면
점수를 얻어요! 점수를 얻으면
머리로 돌아가 다시 도전해요.

다리

❺ 색칠된 결승점에
공격팀이 들어오면
점수를 잃어요.

❸ 동그란 원 안에서는
두 발로 서 있을 수 있어요.

❹ 수비의 방해 없이 다리를 지난다면
두 발로 이동할 수 있어요.

심통

❷ 다리를 건너는
사람을 막아야 해요.

❹ 수비팀은
처음부터 두 발로
다닐 수 있어요

몸통

❶ 몸통 안에서
시작해요.

❸ 공격팀은 귀(문)를 통해
몸통으로 들어와요.
몸통으로 들어오려는
공격팀을 막아요.

❺ 점수를 따려면 몸통을 지나 다시
머리에 가야 해요. 몸통으로는
귀(문)를 지나야만 들어갈 수 있어요.

귀(문)

♣ '오징어 게임' 놀이를 해 봅시다.

수업 TIP 탈락하는 학생이 많을 경우 다음 예시와 같이 규칙을 추가해서 진행할 수 있어요. 규칙을 추가할 때는 학생들이 직접 아이디어를 떠올릴 수 있도록 격려해 주세요.
⑩ • 탈락한 학생에게 다른 역할을 부여한다.(같은 팀을 보조하는 역할 등)
  • 탈락한 학생을 일정 인원 이상 모아 오면 부활시킨다.
  • 다른 팀에게 뺏은 조끼(꼬리)를 우리 팀 탈락 학생에게 양보하면 부활할 수 있다.

 ❸ '오징어 게임' 놀이 평가하기

♣ '오징어 게임' 놀이에 참여한 경험을 바탕으로, 이 놀이를 평화의 관점에서 평가해 봅시다.

① '오징어 게임' 놀이에 참여한 소감을 발표해 보세요.

② 1차시 '❶ 놀이 속에서 가치 찾기' 활동에서 고른 가치를 아래 빈칸에 하나씩 넣어 보며 '오징어 게임' 놀이 속 가치를 평가해 보세요.

'오징어 게임' 놀이에서   의 가치가 잘 드러났나요?

• 만약 놀이에서   의 가치가 잘 드러났다면 이 가치가 잘 드러난 장면을 찾아 말해 보세요. 또는 어떻게 하면 이 가치가 더 잘 드러날 수 있을지 말해 보세요.

• 만약 놀이에서   의 가치가 잘 드러나지 않았다면 이 가치가 더 잘 드러나도록 어떻게 바꾸면 좋을지 말해 보세요.

❶ '평화 오징어 게임' 놀이 만들기

♣ '오징어 게임' 놀이의 규칙을 어떻게 바꿀지 모둠별로 토의해 봅시다.

1 다음 조건을 고려하여 '오징어 게임' 놀이의 규칙을 평화적 관점에서 어떻게 바꿀지 모둠별로 토의하고, 빈칸에 토의한 내용을 간단히 적어 보세요.

조건 1	다치는 사람 없이 모두가 '안전'하게 놀이에 참여할 수 있도록 돕는 규칙이 있어야 한다.

바꾼 규칙	㉔ 공격팀과 수비팀은 서로 밀치지 않고 조끼(꼬리)를 잡아 탈락시킨다. ·

조건 2	같은 팀 학생끼리 서로 도와주는 규칙이 있어야 한다.

바꾼 규칙	·

추가 조건	

바꾼 규칙	·

2 1에서 토의한 내용에 따라 원래 규칙을 어떻게 바꿀 수 있는지 다음 〈예시〉를 참고하여 아래 표에 적어 보세요.

예시

• 원래 규칙: 공격팀과 수비팀 모두 상대 팀을 밀쳐 '몸통' 밖으로 내보내면 해당 선수를 탈락시킬 수 있다.

• 바꾼 규칙: 공격팀과 수비팀은 조끼(꼬리)를 허리에 하나씩 걸고 시작하며, 상대팀의 조끼를 뺏어 탈락시킬 수 있다.

원래 규칙	바꾼 규칙	강조한 평화 가치

3 모둠별로 정리한 내용을 발표하고, 우리 반의 '평화 오징어 게임' 놀이를 만들어 보세요.

수업 TIP 책 뒤의 활동지를 활용해 학생들이 '우리 반 평화 오징어 게임' 놀이의 방법과 규칙을 자유롭게 정리해 볼 수 있도록 지도해 주세요.

-2차시- ❷ '평화 오징어 게임' 놀이 참여하기

♣ 새롭게 만든 '평화 오징어 게임' 놀이의 규칙을 확인하고, 놀이에 참여해 봅시다.

2차시

❸ 놀이 속의 평화, 그리고 우리

♣ '평화 오징어 게임' 놀이에 참여한 소감을 나누어 봅시다.

1 놀이에 참여하며 좋았던 점, 아쉬웠던 점, 칭찬하고 싶은 점 등을 말해 보세요.

2 원래의 '오징어 게임' 놀이와 '평화 오징어 게임' 놀이의 차이점은 무엇인지 적어
보세요.

_____

_____

3 '평화 오징어 게임' 놀이에서 우리가 원했던 가치들이 잘 드러났는지 생각해 보고,
그 까닭과 함께 말해 보세요.

♣ 놀이 속에서 평화의 가치를 만들어 내면 어떤 장점이 있는지 발표해 봅시다.

수업 TIP 소감 나누기를 한 내용을 종합하고 정리한 후 발표할 수 있도록 지도해 주세요.

♣ 평화의 가치를 넣어 바꿔 보고 싶은 다른 체육 활동이나 놀이를 떠올려 보고, 앞으
로의 체육 활동을 위한 나의 다짐과 함께 적어 봅시다.

바꿔 보고 싶은 체육 활동이나 놀이	앞으로의 체육 활동을 위한 나의 다짐
_____	_____
_____	_____
_____	_____

더! 알찬 수업을 만드는 읽기 자료

●● 평화의 가치를 스포츠로, 평화 축구!

체육 활동에서 평화의 가치를 실현하기 위해 전 세계적인 여러 노력들이 존재한다. 그 대표적인 예가 바로 '국제 평화 축구(F4P, Football 4 Peace International)'의 활동이다. F4P는 2001년 영국과 독일 등에서 시작한 프로그램으로, 초기 사업은 이스라엘의 아랍 및 유태인 어린이들 간의 갈등 예방과 평화 공존 교육으로 시작되었다. 2013년 한국에 소개되었으며, 기존 F4P 활동에 한반도의 특수성을 더하여 '국제 평화 축구 코리아(Football 4 Peace Korea)'의 이름으로 운영되고 있다.

국제 평화 축구 코리아에서 운영하는 평화 축구 교실은 '축구'라는 스포츠의 전중 후 단계를 모두 활용하여 평화의 가치를 함께 배울 수 있도록 운영된다. 공평, 포용,

신뢰, 존중, 책임감이라는 5가지 핵심 가치를 기반으로 하며, 활동 전반에서 '협력'과 '평화'의 가치를 강조한다. 활동 전 사회적 갈등 사례들을 구체적으로 살펴보며, 이 문제들을 평화 축구의 5가지 핵심 가치와 연결한다. 활동 중에는 자유로운 토론이 이뤄지며, 기존 축구와는 달리 '페어플레이 점수'를 통해 평화 가치 실천을 독려한다.

+ 참고하면 좋은 사이트: 국제 평화 축구 코리아 홈페이지

f4pkorea.org

●● 동화책 《소리 질러, 운동장》(진형민)을 활용하여 수업 열기

이 수업에서는 '무궁화꽃이 피었습니다' 놀이의 변형 놀이인 '다 함께 꽃이 피었습니다'와 '오징어 게임' 놀이의 규칙을 평화적 관점에서 바꿔 본 '평화 오징어 게임' 놀이를 제시하였다. 이처럼 기존의 놀이를 변형하는 것 외에도 학생들에게 익숙한 정규 스포츠의 규칙을 바꾸고 참여하는 활동으로도 이 수업을 활용할 수 있다.

▲ 《소리 질러, 운동장》 앞표지

동화책 《소리 질러, 운동장》의 경우 야구의 규칙을 간단하게 바꾸어 투수도, 야구 글러브도 없이 진행되는 '막야구'를 소개한다. 이러한 동화책을 활용하여 스포츠의 규칙을 바꾸는 방법에 대한 배경지식을 형성하고, 실제로 모든 학생이 함께 참여할 수 있도록 기존의 스포츠를 바꾸어 보는 활동으로 진행할 수 있다.

모두 함께 평화의 노래를 따라 불러요

2015 개정 음악과 교육 과정에 따르면 음악은 소리를 통해 인간의 창의적 표현 욕구를
충족시키고 다른 사람과 소통할 수 있도록 하며 인류 문화를 계승·발전시키는 데 기여
할 수 있어요. 음악교육은 평화·통일교육과 같은 목적을 지향하며 학생들의 평화·통일
감수성 함양과 깊은 관련이 있다는 것을 의미하지요. 음악의 인문·사회·자연 과학적인
특성은 다른 교과와의 연계를 통해 학생들의 흥미를 불러일으키고 학습 경험을 확장
시킬 수 있어요. 또한 어렵고 추상적으로 여기기도 하는 평화·통일교육도 음악의 소리,
상징과 만나게 한다면 학생들에게 평화의 정서를 표현하고, 서로 소통할 수 있는 장을
마련해 줄 수 있어요.

#윤이상 #졸업하는날 #평화노래하기 #나비의꿈

들어가기

　이 수업의 목표는 학생들이 기존의 음악 교과서에서 만나기 어려웠던 작곡가 윤이상의 생애를 알아보고 음악을 통해 평화·통일 감수성을 함양하는 데 있다. 윤이상은 20세기 서양의 전위 음악을 활용한 한국 음악을 추구해 현대 음악 작곡가로서 대단한 명성을 얻었고, 나아가 한반도 평화와 화해를 꿈꾸며 조국의 현실과 민족에 대한 관심을 음악으로 꾸준히 표현하였다. 그의 국제적 명성에도 불구하고 윤이상의 음악은 1967년의 '동백림 사건'으로 인해 음악 교육 과정에서 그 자취를 감출 수밖에 없었다. 이 수업에서는 윤이상 개인의 정치적 스캔들보다 그의 예술과 음악에 녹아 있는 '평화'를 중점적으로 다루려고 한다.

　1차시 ❶ **작곡가 윤이상 알아보기** 활동에서는 작곡가 윤이상의 생애와 업적에 대해 알아보고, ❷ **〈졸업하는 날〉 듣고 따라 부르기** 활동과 ❸ **〈졸업하는 날〉 노랫말 바꾸기** 활동에서는 그가 작곡한 노래를 듣고 따라 부르며, 노랫말을 바꿔 보는 활동을 통해 음악에 담긴 '평화'를 느끼고 함께 나눈다. 동양과 서양의 선율을 조화롭게 아울렀던 그의 음악을 감상하고 가창해 보는 활동은 아이들에게 새로운 음악적 경험을 제공하고 평화 감수성을 함양하는 데 도움이 될 것이다.

　2차시에는 ❶ **창작 오페라 《나비의 꿈》 감상하기** 활동과 ❷ **'평화를 꿈꾸는 나비' 상상화 그리기** 활동을 통해 학생들이 윤이상의 음악과 평화의 꿈을 개방적인 태도로 수용하고 음악과 평화의 만남에서 즐거움을 느끼기를 기대해 본다.

수업 한눈에 보기

주제	평화를 사랑한 작곡가, 윤이상의 삶과 노래 이해하기

1차시	평화의 노래 따라 부르기	❶ 작곡가 윤이상 알아보기

| | | ❷ 〈졸업하는 날〉 듣고 따라 부르기 |
| | | ❸ 〈졸업하는 날〉 노랫말 바꾸기 |

2차시	창작 오페라 《나비의 꿈》 감상하기	❶ 창작 오페라 《나비의 꿈》 감상하기
		❷ '평화를 꿈꾸는 나비' 상상화 그리기

♣ 윤이상의 생애와 업적을 살펴봅시다.

1 다음 소개글과 연표를 통해 윤이상에 대해 알아보세요.

윤이상(1917~1995) '유럽에 현존하는 5대 작곡가'로 선정된 윤이상은 한국 음악의 연주 기법과 서양 악기를 성공적으로 결합한 세계적인 작곡가이다. 대표 작품으로는 《나비의 미망인》, 《심청》, 〈바라〉, 〈무악〉, 〈예악〉, 〈광주여 영원히〉 등이 있다.

1917년	경상남도 산청에서 태어났다.
1948년	통영 여자 고등학교와 부산 사범 학교에서 학생들에게 음악을 가르쳤다.
1952년	아동 문학가 김영일과 부산의 초등학생을 위한 음악 교과서 《새 음악》을 발간했다.
1957년	독일의 서베를린 음악 대학교에 입학하여 세계적인 작곡가로 이름을 알렸다.
1969년	독일 뉘른베르크 오페라 극장에서 《나비의 미망인》을 발표했다.
1977년	베를린 예술 대학교의 정교수가 되었고, 독일에서 자서전인 《윤이상, 상처 입은 용》을 출간했다.
1988년	음악적 공로를 인정받아 독일에서 '대공로 훈장'을 수상했다.
1992년	평양에 윤이상의 음악을 연구하는 윤이상 음악 연구소가 창립되었다.
1995년	독일 베를린에서 세상을 떠났다.
2003년	전 세계의 재능 있고 젊은 음악인을 육성하기 위해 윤이상 국제 음악 콩쿠르가 창설되었다.
2005년	윤이상의 음악과 정신을 계승하고자 윤이상 평화 재단이 정식으로 창립되었다.
2009년	윤이상 평화 재단은 정부 지원과 민간 모금을 통해 가족으로부터 독일 베를린 자택을 매입하여 남북한과 동서양의 예술가와 학자들의 교류를 지원하는 윤이상 하우스를 설립·운영하고 있다.

2 작곡가 윤이상이 활동을 했던 장소와 알맞은 업적을 찾아 연결해 보세요.

남북한과 동서양 예술가들의 교류를 지원하는 윤이상 하우스

• 통영 •

한국 최초의 음악 교과서 《새 음악》

재능 있는 젊은 음악인을 발굴하는 윤이상 국제 음악 콩쿠르

• 독일 •

윤이상의 음악 세계와 삶을 담은 자서전 《윤이상, 상처 입은 용》

《나비의 미망인》을 초연한 뉘른베르크 오페라 극장

• 평양 •

윤이상의 음악과 현대 음악을 연구하는 윤이상 음악 연구소

❷ <졸업하는 날> 듣고 따라 부르기

♣ 졸업하는 날의 노랫말을 생각하며 듣고 따라 불러 봅시다.

졸업하는 날

윤이상 곡
이경진 편곡

수업 TIP 노래를 따라 부르기 전에 학생들에게 생소한 용어들을 미리 설명해 주세요. '동무'는 친구의 옛말, '학문을 닦다'는 열심히 공부한다는 뜻이라는 것을 알려 주면, 노래를 배우기 전에 자연스럽게 노랫말을 읽고 떠오르는 장면을 이야기하며 노래에 대한 관심을 환기시킬 수 있습니다. 또 〈졸업하는 날〉을 듣고 따라 부를 때 색연필로 가락선을 그려 보거나 코다이 손기호 음계로 음의 높낮이를 구별해 보는 조작 활동을 함께 하면 친숙하지 않은 곡도 쉽게 배워 따라 부를 수 있습니다.

※ 〈졸업하는 날〉의 음원과 악보는 창비교육 누리집에서 내려받으실 수 있습니다.

❸ 〈졸업하는 날〉 노랫말 바꾸기

♣ 〈졸업하는 날〉의 노랫말에 담긴 의미를 생각하며 다음 질문에 답해 봅시다.

1 남과 북이 '분단의 현실을 졸업하는 날'은 어떤 모습일지 상상해 보고 친구들과 이야기를 나눠 보세요.

2 졸업은 끝이기도 하지만 새로운 시작이기도 합니다. 통일 이후의 한반도는 어떤 모습일지 상상해 보세요.

3 통일 이후에도 평화로운 한반도를 계속해서 지켜 나가기 위해 우리가 할 수 있는 일은 무엇일지 말해 보세요.

4 다음 예시를 참고하여 졸업·통일·평화에 대한 생각 그물을 그려 보고, 이를 바탕으로 〈졸업하는 날〉의 노랫말을 바꾸어 원래 노랫말 아래의 빈칸에 적어 보세요.

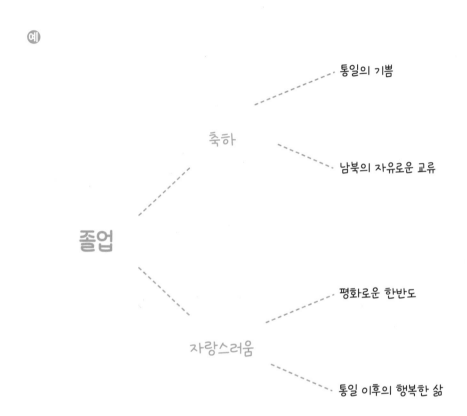

예

통일의 기쁨

축하

남북의 자유로운 교류

졸업

평화로운 한반도

자랑스러움

통일 이후의 행복한 삶

수업 TIP 학생들이 노랫말을 바꾸는 것을 어려워한다면 125쪽 읽기 자료에 제시한 예시를 먼저 보여 주고, 함께 불러 보세요. 개사한 가사로 노래를 부르며 활동에 대한 이해를 높일 수 있어요. 개사한 버전의 음원은 창비교육 누리집에서 내려받으실 수 있어요.

비	가		오	나		눈	이		오	나
기	나	–	긴		날	을				
같	이		웃	고		같	이		놀	던
배	움	의		동	–	무				
오	늘	–	은		떠	나	는		날	
졸	업	하	는		날					
헤	어	져	도		잊	지		말	자	
선	생	님		은	혜					

❶ 창작 오페라 《나비의 꿈》 감상하기

♣ 창작 오페라 《나비의 꿈》 중 〈통영 밤바다〉 아리아를 감상해 봅시다.

오페라 《나비의 꿈》 중 〈통영 밤바다〉

작곡 나실인·대본 장수동

　나실인의 창작 오페라 《나비의 꿈》은 간첩이라는 누명을 쓰고 서대문 형무소에서 억울한 수감 생활을 하던 윤이상이 음악 창작에 대한 열의를 꺾지 않고 오페라 《나비의 미망인》을 작곡한 600일간의 기록을 그린 작품이다. 당시 함께 갇혔던 화가 이응노, 시인 천상병의 수감 생활뿐만 아니라 부인 이수자와의 사랑 이야기도 함께 펼쳐져 재미를 더한다.

　그는 왜 오페라의 제목을 《나비의 미망인》으로 지었을까. 윤이상에게 나비는 형무소에 갇힌 자신의 모습을 상징할 뿐만 아니라 삶과 죽음의 경계, 인간의 자유를 속박하는 것으로부터의 해방을 상징한다. 고향인 통영을 그리워하며 인간의 자유, 남과 북의 평화를 노래한 〈통영 밤바다〉 아리아를 함께 들어 보자.

1️⃣ 〈통영 밤바다〉 아리아를 듣고 나서 어떤 느낌이 들었는지 적어 보세요.

_____

_____

2️⃣ 〈통영 밤바다〉에서 주인공은 나비가 되어 무엇을 하고 싶다고 했는지 적어 보세요.

_____

_____

❷ '평화를 꿈꾸는 나비' 상상화 그리기

♣ 만약 여러분이 자유로운 나비가 된다면 평화를 찾기 위해 어디로 날아가고 싶은지 상상하여 그림으로 그려 봅시다.

더! 알찬 수업을 만드는 읽기 자료

●● 윤이상의 생애 발자취를 따라가 보는 통영 음악 여행지

통영 국제 음악당	통영 시립 소년 소녀 합창단, 통영 페스티벌 오케스트라의 정기 공연은 물론이고 4월 통영 국제 음악제, 11월 윤이상 국제 음악 콩쿠르 공연까지 윤이상의 음악 세계처럼 다채로운 음악 공연을 관람할 수 있습니다. 방문하기 전에 누리집에 올라와 있는 공연 스케줄을 확인해 보세요.
윤이상 기념관	윤이상의 생가 터가 있던 도천동 일대에 건립된 윤이상 기념 공원에 가면 꼭 방문해야 할 곳입니다. 윤이상의 생전 사진과 친필 글을 포함해 베를린에서 사용했던 유품 412점을 전시하고 있습니다. 윤이상의 대표 작품을 들을 수 있는 음악 감상실은 꼭 들러 보세요.
베를린 하우스 윤이상 음악 도서관	윤이상의 베를린 자택을 그대로 본 딴 건물로, 윤이상 기념관 바로 옆에 위치해 있습니다. 1층에는 도서관이 있어 아이들이 책과 음악을 함께 만날 수 있는 포근한 장소이지요. 2층에는 윤이상의 베를린 작업실을 그대로 복원해 윤이상의 독일 생활은 어땠을지 상상해 볼 수 있습니다.
도천 음악 마을길	통영 도천동의 음악 마을길은 도시 재생 사업으로 탄생했습니다. 윤이상이 학창 시절 아침저녁으로 오고 가던 통영 심상 소학교로 가는 길이 고스란히 남아 있지요. 효도와 작곡의 길, 문화 생태의 길, 명상의 길 등 다양한 코스가 있어 재미있게 탐방할 수 있습니다.

●● 1차시 ❸ 〈졸업하는 날〉 노랫말 바꾸기 활동 예시

비	가		오	나		눈	이		오	나
이	제		우	리		통	일		해	요
기	나	–	긴		날	을				
축	하	–	나		뉘	요				
같	이		웃	고		같	이		놀	던
남	과		북	이		사	이		좋	게
배	움	의		동	–	무				
행	복	나		뉘	–	요				
오	늘	–	은		떠	나	는		날	
오	늘	–	은		통	일	한		날	
졸	업	하	는		날					
졸	업	하	는		날					
헤	어	져	도		잊	지		말	자	
이	제	다	시		새	로		운	–	
선	생	님		은	혜					
평	화	의		하	루					

●● 추가 자료: 2차시 ❷ '평화를 꿈꾸는 나비' 상상화 그리기

2차시 ❷ **'평화를 꿈꾸는 나비' 상상화 그리기** 활동 수업을 구성할 때 2020년 교육부와 세종특별자치시교육청, 한국 교육 개발원이 개발한 교수·학습 자료를 참고해도 좋다. 특히 카드 뉴스 〈자유와 평화의 두 날개로 날아오르는 나비의 시간 여행〉를 활용한 수업은 '나비의 여행'이라는 스토리텔링 방식을 활용하여 쉽고 재미있게 학생들의 평화 감수성을 이끌어낼 수 있다. 그밖에 다양한 온라인 콘텐츠, 교사용 참고 자료, 학생용 활동지 등을 원문 파일과 함께 탑재하고 있어 교사가 다양한 수업을 구성할 수 있으니 적극적으로 활용할 것을 추천한다.

\+ 카드 뉴스 및 수업 안내 자료

교육부 통통평화학교(통일로 통하는 평화학교)

tongil.moe.go.kr/eduData/databoardView.do?cate=E1_1&bseq=1352

●● 함께 읽으면 좋은 책: 《윤이상의 몽당연필》(안성훈 글·이지후 그림)

▲ 《윤이상의 몽당연필》 앞표지

이 책은 윤이상이 1972년 뮌헨 올림픽 문화 축제에서 발표한 오페라 《심청》의 이야기를 시작으로, 만물상 할아버지가 동네 아이들에게 윤이상의 생애에 대해 이야기를 들려주는 형식의 위인전이다. 윤이상의 자서전은 어린이들이 읽기 어렵기 때문에 윤이상의 이야기를 더 알아보고 싶은 학생들이라면 이 책을 함께 읽어 봐도 좋겠다.

●● 참고하면 좋은 영상

순번	영상 제목	재생 시간	누리집 주소 및 QR 코드
1	〈윤이상, 상처받은 용〉 (KBS 역사저널 그날)	6:43	youtu.be/7zlc7bs-WkA
2	〈윤이상 예악 공연 종묘제례악과 오케스트라가 만났다?〉	4:59	youtu.be/opLQ_IRiG88
3	〈윤이상 오페라 《심청》 5분 하이라이트〉 (예술의 전당)	5:08	youtu.be/V6UPrbYATTk
4	나실인 창작 오페라 《나비의 꿈》 중 〈통영 밤바다〉	5:20	youtu.be/PerDphgz6mQ
5	〈천재 작곡가 베를린 윤이상 하우스〉 (KTV 국민방송)	2:41	youtu.be/XYw8Qz5dE-s

우리 반 평화 인물 지도를 만들어 봐요

초등학교 5~6학년군 영어 교과에서는 단원별 주요 표현을 중심으로 듣기·말하기·읽기·쓰기 네 영역의 활동이 이루어져요. 영어 교과 시간에 주요 표현의 학습을 마치고 듣기·말하기·읽기·쓰기 네 영역을 통합적으로 학습할 수 있는 차시에서 '우리 반 평화 인물 지도'를 만들어 보는 활동으로 수업을 진행한다면 학생들이 직간접적으로 평화·통일교육의 내용 및 역량을 학습하고 영어 교과 성취 기준에 도달할 수 있을 거예요.

#평화인물 #역할놀이 #자료만들기 #평화시민증 #우리반평화인물지도

들어가기

영어 교과의 네 영역(듣기·말하기·읽기·쓰기)을 통합적으로 다루고 있는 이 수업에서는 해당 단원을 충분히 학습한 후 마지막 정리 및 응용을 위한 활동 위주로 이루어진다. 이 수업에서는 인물의 나라를 묻는 'Where are you from?'이라는 표현과 이에 답하는 표현을 사용할 때 평화와 관련된 인물을 등장시켜 학생들이 넓은 의미의 평화의 개념에 접근하도록 한다. 또한 평화를 위해 노력한 인물들의 국적을 비롯한 다양한 정보를 조사하는 과정에서 자연스럽게 자신들이 직접 평화를 위해 할 수 있는 일이나 인물로부터 본받고 싶은 점을 찾는 것을 목표로 한다.

1차시에서는 먼저 ❶ **평화 생각 그물 만들기** 활동을 통해 평화와 관련된 낱말들을 자유롭게 떠올려 본다. 그리고 ❷ **평화 인물이 등장하는 역할놀이 하기** 활동을 수행하며 교사가 예시문으로 제시하는 영어 역할극 대본을 학습하고, 직접 짝과 역할극을 연습하여 발표해 본다. ❸ **평화 인물 조사하기** 활동에서는 평화와 관련된 인물을 직접 조사하고, 다른 학생들과 함께 평화 인물의 이름과 출신 국가의 철자를 묻고 답해 본다. 이 활동을 통해 학생들은 다른 학생이 발표하는 내용을 경청하며, 다양한 평화 인물을 접할 수 있다. 2차시에서는 ❶ **평화 시민증 만들기** 활동과 ❷ **우리 반 평화 인물 지도 만들기** 활동을 한다. 주요 표현을 묻고 답하면서 평화 시민증을 만들어 우리 반 평화 인물 지도를 완성한다. 우리 반 평화 인물 지도를 살펴보며 각 인물의 국적과 업적을 알아보고, 인물들의 공통점 등에 대해 이야기를 나누면서 자연스럽게 인물로부터 본받을 점, 자신이 할 수 있는 일 등을 생각해 본다.

수업 한눈에 보기

주제	평화와 관련된 인물을 직접 조사하고, 우리 반 평화 인물 지도 만들기	
1차시 	평화와 관련된 인물을 조사하여 나라 이름을 묻고 답하는 역할놀이 하기	❶ 평화 생각 그물 만들기
		❷ 평화 인물이 등장하는 역할놀이 하기
		❸ 평화 인물 조사하기
2차시	평화 시민증을 만들고, 우리 반 평화 인물 지도 완성하기	❶ 평화 시민증 만들기
		❷ 우리 반 평화 인물 지도 만들기

❶ 평화 생각 그물 만들기

♣ '평화' 하면 떠오르는 낱말로 자유롭게 생각 그물을 만들어 봅시다.

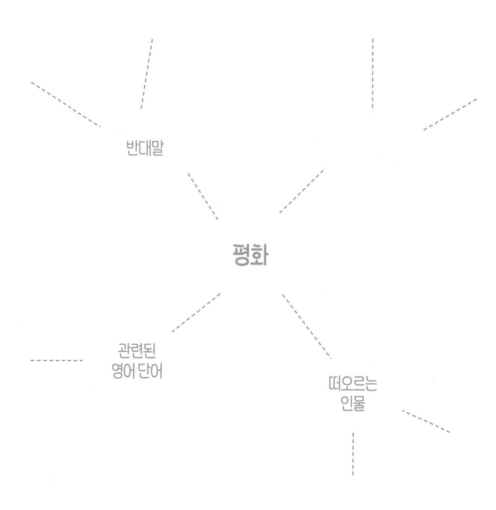

반대말

평화

관련된
영어 단어

떠오르는
인물

❷ 평화 인물이 등장하는 역할놀이 하기

♣ 다음 대화를 읽고, 나라 이름을 묻고 답하는 역할놀이를 해 봅시다.

Malala Hello, I'm Malala Yousafzai. Where are you from?

Greta Hi, Malala. My name is Greta Thunberg. I'm from Sweden in Europe. Where are you from?

Malala I'm from Pakistan in Asia. How do yo spell your name, Greta?

Greta G-R-E-T-A.

Malala Nice to meet you. Let's talk about peace buiding.

Greta Sounds great.

❶ 대화에 나오는 나라 이름에 동그라미 표시를 해 보세요.

❷ 다음 질문에 답하며 등장인물에 대해 알아보세요.

(1) 등장인물의 이름과 국적을 적어 보세요.

• 이름: _____   • 국적: _____

• 이름: _____   • 국적: _____

(2) 등장인물이 한 일을 조사해 보세요.

❸ 짝과 함께 역할극을 연습하고, 친구들에게 발표해 보세요.

❸ 평화 인물 조사하기

♣ 평화를 위해 노력한 인물에 대해 조사하여 다음 빈칸에 적어 봅시다.

넬슨 만델라

· 이름(영문):

· 국적(영문):

· 인물이 한 일과 추구하는 가치: _____

_____

인물 모습 그림 또는 사진

마하트마 간디

· 이름(영문):

· 국적(영문):

· 인물이 한 일과 추구하는 가치: _____

_____

인물 모습 그림 또는 사진

말랄라 유사프자이

· 이름(영문):

· 국적(영문):

· 인물이 한 일과 추구하는 가치: _____

_____

인물 모습 그림 또는 사진

그레타 툰베리

· 이름(영문):

· 국적(영문):

· 인물이 한 일과 추구하는 가치: _____

_____

인물 모습 그림 또는 사진

_____

· 이름(영문):

· 국적(영문):

· 인물이 한 일과 추구하는 가치: _____

_____

인물 모습 그림 또는 사진

♣ 친구들과 평화 인물의 이름 철자와 출신 국가를 묻고 답해 봅시다.

 ① 평화 시민증 만들기

♣ 평화를 위해 노력한 인물들의 공통점은 무엇일지 적어 봅시다.

-
-

♣ 평화를 위해 우리가 할 수 있는 노력에는 무엇이 있을까요? 1차시에서 살펴봤던 인물들을 떠올리며, 나만의 평화 시민증을 만들어 봅시다.

활동 방법

❶ 가상의 이름과 출신 국가를 정한다.(자신의 이름과 국적을 그대로 사용하고 싶은 사람은 그대로 사용한다.)

❷ 자신이 평화 시민으로서 이루고 싶은 일 또는 추구하고 싶은 가치를 〈보기〉에 있는 단어를 참고하여 영어로 작성한다.(영어로 작성하기 어렵다면, 한글로 작성한다.)

> 수업 TIP 학생이 ❷번 내용을 작성할 때, 앞으로 내가 이 일을 반드시 해내겠다가 아니라, 평화를 위해 할 수 있는 일을 고민해 보는 것 자체에 초점을 두고 활동할 수 있도록 하는 것이 중요해요. 현실에서 또는 지금 내 자리에서 할 수 없는 일이라도 가상의 인물이 되어 평화에 기여할 수 있는 일을 떠올리도록 안내해 주세요.

❸ 자신의 얼굴을 그리고 이름과 국적, 이루고 싶은 일 또는 추구하고 싶은 가치를 적어 나만의 평화 시민증을 완성한다.

1️⃣ 아래 〈보기〉의 단어를 참고하여 평화 시민으로서 이루고 싶은 일 또는 추구하고 싶은 가치를 영어로 적어 보세요.

보기

• love	사랑하다	• ask	부탁하다
• education	교육	• give	주다
• understand	이해하다	• diversity	다양성
• help	돕다	• environment	환경
• justice	정의	• equality	평등
• respect	존중하다	• discrimination	차별

내가 평화 시민으로서 이루고 싶은 일 또는 추구하고 싶은 가치

2 다음 〈예시〉를 참고하여 나만의 평화 시민증을 만들어 봅시다.

예시

평화 시민증

이름 Peace Kim
국적 Korea

I want to help people who
can't get education.

평 화 지 킴 위 원 PEACE

평화 시민증

이름 _____

국적 _____

평 화 지 킴 위 원 PEACE

❷ 우리 반 평화 인물 지도 만들기

♣ 앞서 만든 '평화 시민증'을 바탕으로 아래의 대화를 참고하여 친구의 이름과 국적을 묻고 답해 보고, 그 내용을 바탕으로 우리 반 평화 인물 지도를 완성해 봅시다.

A Hello, I'm _____. Where are you from?

B Hi. My name is _____. I'm from _____. Where are you from?

A I'm from _____. Nice to meet you.

B Nice to meet you too.

더! 알찬 수업을 만드는 읽기 자료

1차시 ❸ 평화 인물 조사하기 활동은 2차시 ❶ 평화 시민증 만들기, ❷ 우리 반 평화 인물 지도 만들기 활동의 바탕이 된다. 평화 인물의 국적을 비롯해 인물의 업적과 추구하는 가치를 조사하는 과정은 학생이 평화의 개념을 스스로 정립하고 평화의 가치에 대해서 생각하는 마중물 역할을 할 것이다.

다음은 이 활동에 제시된 인물에 관한 설명으로 교사는 학생이 조사를 어려워하는 경우 다음 자료를 통해 정보를 제공할 수 있다.

●● 마하트마 간디(Mahatma Gandhi)

마하트마 간디(1869년~1948년)는 인도에서 출생한, 인도의 정치적 지도자이자 정신적 지도자이다.

런던 대학교에서 법률을 배운 후 남아프리카 원주민의 자유 획득을 위해 활동하였고, 1915년 귀국하여 인도의 독립운동을 지도하였다. 간디는 영국의 제국주의에 맞서 무료 변호 및 사티아그라하(satyāgraha, 진리를 움켜쥔다는 뜻으로 간디의 비폭력 운동의 기반이 되는 철학을 포함하는 말)를 통해 비폭력 투쟁과 비복종 운동을 전개하였고, 인도가 독립할 수 있도록 인도 민족을 결집하는 데 중요한 역할을 한 인물이다.

▲ 마하트마 간디

●● 넬슨 만델라(Nelson Mandela)

넬슨 만델라(1918년~2013년)는 남아프리카 공화국의
민권 운동가이자, 최초의 흑인 대통령이다. 인종 차별
정책의 폐지를 주도하였으며, 흑인 인권 운동을 펼쳤다.

흑인 인권 운동 중 체포되어 투옥 생활을 하였는데
이때 감옥에서 편지를 써서 남아프라카 공화국 정부의
인종 차별 정책의 부당함을 세계에 알리기도 했다. 이
러한 노력 끝에 1990년 남아프리카 공화국의 인종 차
별 정책은 폐지되었다. 1993년 노벨 평화상을 수상하
였다. 1994년 선거를 통해 남아프라카 공화국의 대통

▲ 넬슨 만델라

령으로 선출되었으며, 은퇴 이후에도 화해와 포용의 정신을 전 세계에 전파하기 위해
노력하였다.

●● 말랄라 유사프자이(Malala Yousafzai)

말랄라 유사프자이(1997년~)는 파키스탄의 인권 운동
가이다. 말랄라의 아버지는 마을에서 여학교를 운영하
고 있었다. 2008년 탈레반이 마을을 점령하며 마을 사
람들은 많은 자유를 잃게 되는데, 이때 여자아이의 등교
도 금지당한다. 말랄라는 여자아이들의 배울 권리에 대
해 공식적으로 발언하였는데, 이 행동으로 극단주의자
들의 타깃이 되어 2012년 하굣길 스쿨버스에서 총격을
당했다.

▲ 말랄라 유사프자이

총격 사건 이후 말랄라는 여자아이들의 교육권을 위
한 투쟁을 이어 갈 것을 결심하고 아버지와 함께 말랄라펀드(Malala Fund)를 설립하
여 모든 소녀가 자신의 꿈을 이룰 수 있는 기회를 제공할 수 있도록 도왔다. 그 공로
를 인정받아 2014년 노벨 평화상을 수상했고, 최연소 노벨상 수상자가 되었다. 이후

옥스퍼드 대학교에 들어가 철학, 정치, 경제학을 공부하고 2022년 졸업하였으며, 현재까지도 여자아이들의 교육권을 위해 투쟁을 이어 가고 있다.

+ 함께 보면 좋은 영상: 말랄라 유사프자이 유엔 연설 영상

　유엔 공식 유튜브 채널 youtu.be/3rNhZu3ttlU

●● 그레타 툰베리(Greta Thunberg)

그레타 툰베리(2003년~)는 스웨덴의 환경 운동가이다. 그레타는 어린 시절 기후 문제를 접하고, 그 심각성에도 불구하고 왜 사람들은 아무것도 하지 않는지 의문을 품게 된다.

　채식을 하고, 비행기를 타지 않는 등 자신의 습관을 바꾸어 나가던 그레타는 2018년 스웨덴 총선을 앞두고 국회 의사당 앞에서 기후 변화 대책 마련을 촉구하는 1인 시위를 벌인다. '기후를 위한 학교 파업(school strike for climate)'이라는 팻말을 들고 벌인 이 시위를 3주간

▲ 그레타 툰베리

실시하고, 총선 이후로도 매주 금요일 '기후를 위한 학교 파업 시위'를 이어 나간다. 그레타의 행동은 전 세계의 많은 학생이 참여하는 세계적 기후 운동인 '미래를 위한 금요일(Fridays for Future)'로 이어졌다. 그레타는 기후 변화에 대해 수많은 연설을 하였으며, 대표적으로 유엔 기후 행동 정상 회의 연설이 있다.

+ 함께 보면 좋은 영상: 그레타 툰베리 '유엔 기후 행동 정상 회의' 연설 영상

　서울 환경 연합 유튜브 채널(자막 제공) youtu.be/BvF8yG7G3mU

나가는 글

평화·통일교육의 새로운 방향을 모색하며

분단이 된 지 70년이 넘었다. 하지만 여전히 우리의 삶은 분단으로부터 자유롭지 않다. 분단이 구조화되고 제도화되어 일상생활을 옥죄고 있지만, 대부분의 사람들은 불편함이나 부당함을 느끼지 못한다. 대한민국의 여권을 발급받으면 지구촌의 거의 모든 나라에 갈 수 있지만, 북한은 갈 수 없다. 〈대한민국 헌법〉은 분명히 거주·이전의 자유를 보장하고 있지만, 분단은 헌법이 보장한 그 자유를 분명히 제한한다. 또한 한국인은 지구촌에서 누구와도 만나고 대화할 수 있는 권한을 가지고 있다. 그렇지만 북한 사람과의 접촉은 정부의 허락을 받아야 한다. 해외에서 북한 사람을 만나게 될 계획이 있으면, 사전 접촉 신고를 하고 허가를 받아야 한다. 또 해외여행 중 우연히 북한 사람과 만나게 되더라도 〈남북교류협력법〉에 따라 사후 접촉 신고를 해야 한다. 사실 민주 사회에서는 특별한 이유 없이 사람들이 서로 만나서 어울릴 때 정부의 허락을 받지 않는다. 한국 사회는 1987년 6월 항쟁을 계기로 분명 민주화되었지만 아직 분단되어 있고, 북한 사람과의 접촉을 위해서는 정부의 허락이 필요하다. 분단은 여전히 우리의 일상을 지배하고 있다.

통일교육 역시 분단의 산물이다. 권위주의 시기 통일교육은 사실상의 반공교육이었다. 당시 통일교육은 북한에 대한 적대성을 숨기지 않았다. 권위주의 정권은 북한 사회의 모순과 문제를 시민들에게 교육함으로써 스스로를 정당화하려 했다. 적의 문제점을 폭로하는 일은 곧 권위주의 정권이 정당성을 시민들에게 입증하는 방식이었던 것이다.

민주화 이후 통일교육은 통일의 필요성과 당위성을 설명하는 데 많은 시간

을 할애하고 있다. 분단이 오랫동안 지속되면서 젊은 세대들이 통일의 필요성에 공감하지 못하는 현실 때문이다. 학습자의 마음을 변화시키기 위해서 통일교육은 톱다운(top-down) 형태로 진행되었다. 교육학과 교육이 발전하게 되면서, 학습자의 자율성과 주체성을 보장하는 일은 보편적인 일이 되고 있지만 통일교육에서만큼은 예외이다. 그 결과 많은 학습자가 통일교육을 받는 시간 동안 자신의 생각을 숨긴 채 입을 닫고 있다.

2018년 평창 동계 올림픽에서 여성 아이스하키 남북 단일팀이 구성되는 과정을 통해 미래 세대의 숨겨진 마음을 확인할 수 있었다. 단일팀을 구성하는 것에 대해서 미래 세대를 중심으로 반대 여론이 형성되어 사회적 이슈가 된 것이다. 이때 몇몇 사람들은 젊은 세대의 통일 의식을 문제 삼으면서 통일교육의 필요성을 강조하기도 했다. 하지만 통일연구원은 젊은 세대들이 단일팀 구성 후에는 이를 지지하는 모습을 보였다는 것을 근거로 젊은 세대들의 통일 의식에는 큰 문제가 없다고 발표하기도 했다.

여기서 우리는 젊은 세대의 통일 의식에만 초점을 맞출 것이 아니라 한국의 청년 세대가 공정성과 사회 정의에 대해서 강한 문제의식을 갖고 있다는 점에 주목할 필요가 있다. 우리는 평창 동계 올림픽을 통해 공정하고 정의롭지 않은 평화와 통일의 과정에 대해 젊은 세대들이 언제든 문제를 제기할 수 있다는 점을 확인할 수 있었다. 또한 청년 세대가 대한민국의 시민으로서 정치의 주체이자 한반도 평화와 통일 과정의 주체라는 점을 확인할 수 있었다. 과거와 같이 톱다운으로 정부의 뜻을 교육자와 학습자에게 일방적으로 전달해서는 교육 효과를 기대하기 어렵다는 점을 분명히 알게 된 것이다. 이로써 평화·통일교육은 새로운 방향을 모색할 필요성이 있음을 확인했다.

2018년 정부는 통일교육을 평화·통일교육이라는 이름으로 변경했다. 평화교육의 요소를 수용하겠다는 취지로 해석되었지만, 평화교육과 통일교육의 관계는 다소 모호했다. 다만 이름의 변화는 단순한 명칭의 변화가 아니라 그동안의 통일교육이 변화되어야 한다는 취지에서 나온 것은 분명했다. 평화교육의 목적은 평화를 요구하고 실천할 수 있는 시민들을 육성하는 데 있다. 또한 평화교육은 평화를 실천하는 시민을 육성하여 비평화적 현실, 구조, 문화를 극복하고 '평화의 문화(culture of peace)'를 구축하는 데에 또 다른 목적이 있다. 이는 학습자에게 통일의 필요성과 당위성을 인식하게 하는 것에 많은 시간을 할애했던 통일교육의 목적 및 내용과는 일정한 차이를 보인다. 특히 평화 시민의 육성은 평화의 주체가 바로 시민이라는 취지이다. 즉, 학습자들의 자율성과 주체성이 강조될 수밖에 없는 것이다. 바로 이 점이 통일교육과의 또 다른 차이점이다. 그동안 통일교육은 학습자에 대한 자율성과 주체성을 보장하기보다는 일방적인 톱다운 방식으로 학습자들의 통일 인식을 고양하는 데에 초점이 맞추어져 있었다. 통일교육을 받는 학습자 가운데 일부는 통일에 반대하기 어려운 환경에 놓이게 되고, 자신의 의견을 숨길 수밖에 없었다. 그래서 우리는 평화·통일교육이 평화교육의 요소를 적극적으로 활용하여 학습자의 자율성과 주체성을 보장하고, 이를 토대로 한반도의 영구적인 평화 정착을 위해서 고민하고 실천하는 평화 시민을 육성하며, 평화의 문화를 구축하는 교육으로 변화·발전되어야 한다는 점을 강조하고자 한다.

평화·통일교육 10피스(piece), 10개의 평화(peace) 수업

한반도의 평화와 관련된 이슈는 그동안 군사 안보 분야에 대한 논의가 중심이었다. 특히 북한이 핵과 미사일 개발을 지속하면서 이와 관련된 논의들이 이어지고 있다. 군사적 긴장과 대립은 폭력적인 형태로 비화할 위험이 존재하기 때문에, 이러한 문제에 우선적으로 관심을 가지는 것은 어쩌면 당연한 일일 것이다.

그렇지만 한반도에서 평화를 위협하는 요인들은 비단 군사적 긴장과 대립만이 아니다. 한반도의 비평화 구조와 현실을 초래하고 있거나 앞으로 초래할 위험이 있는 요인들은 매우 다양하다. 무엇보다 북한에 대한 이해는 여전히 한국 사회를 양분화하는 요인이 되고 있다. 북한 사회는 경계하고 견제해야 할 대상이면서 다른 한편으로 통일을 위한 동반자 혹은 같은 민족으로 받아들여지고 있다. 그런데 이 두 해석이 대립하고 충돌하는 경우가 적지 않다. 그 결과 정치와 사회의 양극화가 발생했으며 이러한 양극화는 평화를 위협하는 직접적인 원인이 되었다.

다음으로 남북한의 경제적 격차가 커지고 있다는 점 역시 한반도 평화를 위협하는 요인이다. 독일 통일 과정과 북아일랜드 평화 프로세스에서 드러난 경제적 불균형과 불평등의 문제들은 대립과 갈등의 주요한 원인이 되었다. 현재까지는 남북한이 분단되어 있고, 양측의 교류가 제한되어 있기 때문에 경제적 격차가 남북한 사람들 간의 대립과 갈등의 주요한 원인이라고 할 수는 없지만 교류와 협력이 활발해지고 탈분단과 통일의 과정이 본격적으로 시작된다면 경제적 불평등은 시급히 해결해야 할 문제가 될 것이다.

또한 사회·문화적으로 북한 이탈 주민, 이주민, 난민이나 성 소수자 등 사회적 약자(혹은 소수자)에 대한 이해의 부족은 한국 사회의 평화를 위협하는 요인이 되고 있다. 이뿐만 아니라 젠더 불평등 문제 역시 한국 사회의 평화를 위협하는 직접적인 원인이다. 여성의 사회 진출에 있어서 눈에 보이지 않는 유리천장이 실재하는 것은 엄연한 현실이다. 게다가 차별과 혐오 범죄로 인해 적지 않은 여성들이 여전히 위협받거나 심지어 목숨을 잃고 있다. 그밖에도 분단이 구조화되고 장기화되면서 개인과 집단 간의 이데올로기적 양극화로 인한 갈등과 대립이 발생하고 있다. 문화 예술 작품들을 이데올로기적으로 해석하여, 우리의 문화의 일부를 적대적으로 해석하는 경향이 존재한다. 이에 더해 한국 사회 내부에는 지나치게 경쟁적이고 폭력적인 놀이와 문화들이 무분별하게 보급되는 경향이 있다.

마지막으로 생태 환경의 위기 역시 평화를 위협하는 요인이다. 지구 온난화로 인해 한반도의 지표면과 해수면 온도가 상승하면서 기후가 변화하고 있고, 이는 생태 위기로 확산되어 일상의 평화를 위협하고 있다.

우리는 초등 교사를 위한 평화·통일교육 수업 안내서 《교실에서 평화 시민 되기: 초등 교사를 위한 평화·통일교육 10피스》를 기획하면서 한반도에서 평화를 위협하고 있는 요인들 가운데 군사·안보 분야를 제외한 분야들을 중심으로 내용을 구성하고자 했다. 군사·안보 분야는 학습자가 학교 교육만이 아니라 미디어 등 다양한 매체들을 통해서 접할 기회가 종종 있지만, 다른 분야들은 그렇지 못한 것이 현실이기 때문이다. 이 책은 한반도의 평화를 위협하는 요인들을 해소하기 위해서 크게 네 가지 주제와 목표로 만들어졌다.

- 마음의 분단 극복하기
- 평화 문화 만들기
- 젠더 불평등과 사회적 소수자(혹은 약자)를 이해하고, 갈등 해결 기술 익히기
- 한반도에서 생태 평화 실현하기

마음의 분단 극복하기: 탈분단을 위한 남북한의 공통분모 찾기

분단이 장기화·구조화되며 남북한 사람들의 마음까지 분단시키고 있다. 그동안의 교육이 남북한의 군사·안보적 대립에 초점을 맞추어 진행되면서 학습자들은 어떠한 무기력감을 느끼고 있다. 비핵화를 원했지만 북한은 여전히 핵을 가지고 있기 때문이다. 또 군사·안보 분야는 대부분 남북한의 정치 엘리트들이 중심이 되어 비공개적으로 논의되는 경향이 있기 때문에 시민들은 정확한 정보를 알기 어려운 것이 사실이다.

그래서 이 책은 분단 구조가 고착화되는 가운데에서도 남북한의 사람들은

마음의 분단을 극복하기 위해 노력해야 하며, 지금까지 노력해 왔다는 점을 알려 주고자 했다. 먼저 '체육'에서는 북한 어린이들의 운동회를 통해서 남북한 어린이들이 오랫동안 떨어져 살았지만 어린이로서 공통으로 향유하는 놀이와 문화가 있다는 점을 말하고자 했다. 그리고 '사회'에서는 학습자들과 남북한이 철도를 연결하고자 시도했던 생각과 노력을 공유하며 한반도에서 남북한 사람들이 함께 자유롭게 여행할 수 있기를 기원한다. '음악'에서는 남북한을 비롯해 전 세계가 사랑하고 인정한 작곡가, 윤이상 선생을 소개했다. 그가 작곡한 동요를 함께 부르며 윤이상 선생의 생애와 한반도의 평화를 기원하고 통일을 염원했던 그의 정신을 통해 학습자가 남북한의 공통분모를 찾기를 희망한다. 마지막으로 '국어'에서는 그림책을 통해 이산가족 문제를 다루었다. 분단은 가족까지도 갈라놓았다. 남아 있는 시간이 많지 않음에도 불구하고 아직 생사조차 확인하지 못한 이산가족들이 많다. 이산가족의 마음을 이해함으로써 학습자가 마음의 분단을 극복하고 탈분단을 위한 시도가 끊임없이 이루어져야 한다는 점을 깨닫기를 소망한다.

평화 문화 만들기

한국의 교육 시스템은 입시 위주의 교육 시스템으로 되어 있다. 물론 초등 교육은 비교적 입시에서 벗어나 있다고 할 수 있지만, 완전히 자유로울 수는 없다. 경쟁적 교육 시스템은 학생 사회 내부에도 경쟁적인 문화를 만들어 내고 있다. 학생들이 즐기는 컴퓨터 게임 가운데는 폭력적 내용을 갖고 있는 게임도 적지 않다. 그러한 폭력적인 게임은 부지불식간에 학생들의 마음을 지배하게 되고, 때때로 직접 폭력과 관한 문제를 일으키는 요인 가운데 하나로 지목되고는 한다. 이러한 문제가 있음에도 불구하고 학교 교육에서 평화적인 게임이나 놀이를 개발하여 보급하는 것에는 소홀했던 것이 사실이다. 왜냐하면 대학 입시와 학력이 상대적으로 더 중요시되기 때문에 평화적인 게임이나 놀이를 보급할 마음의 여유가 없었던 것이다.

이 책에서는 체육 수업의 일환으로 '평화 오징어 게임', 실과 수업의 일환으로 '엔트리를 활용한 친환경 농법', 사회 수업의 일환으로 '한반도 평화 여행 보드게임', 과학 수업의 일환으로 '생태 평화 말판 놀이' 등을 개발하여 보급하고자 한다. 오징어 게임은 한 드라마의 성공으로 전 세계적으로 알려진 한국의 오래된 어린이 놀이 문화이다. 그렇지만 이 게임 역시 경쟁적인 방식으로 진행되며, 승자와 패자가 명확한 놀이이다. 그리고 때때로 게임을 하는 과정에서 폭력적인 문제가 발생하기도 한다. 이 책에서 제안하는 평화 오징어 게임은 기존 게임의 규칙을 참여자들이 직접 바꿔 보면서 평화, 연대, 협력의 정신을 배울 수 있는 놀이 문화이다. '실과' 수업에서 엔트리를 활용하는 것은 교육자와 학습자에게 친숙한 플랫폼을 활용해서 친환경 농법의 중요성을 게임처럼 인식하도록 하기 위함이다. 누군가와 경쟁하고 누군가를 사살하는 게임에서 벗어나 우리의 환경을 지키고 가꾸는 것을 배우며 학생들이 직접 참여하는 교보재를 만들어 보고자 했다. 셋째, '사회'에서 제시한 한반도 평화 여행 보드게임 역시 참여자들 간의 경쟁이 아니라 갈라진 한반도를 자유롭게 여행하면서 평화의 소중함을 깨닫게 되는 계기를 마련해 준다. 마지막으로 '과학'에서 제시한 생태 평화 말판 놀이는 학습한 한반도 생태 평화의 중요성을 놀이를 하며 복습하여 이해도를 높일 수 있도록 하는 내용으로 구성했다. 이러한 게임을 개발한 것은 학교에서 이러한 놀이를 통해 경쟁적인 학교 문화를 개선하고 학교에 평화의 놀이 문화를 정착시키기 위함이다.

젠더 불평등과 사회적 소수자(혹은 약자)를 이해하고, 갈등 해결 기술 익히기

한반도에서 평화를 위협하는 또 다른 요인은 구조적 혹은 문화적 폭력이다. 한국 사회에서 여성에 대한 차별과 혐오는 매우 중요한 문제이다. 여성의 사회 진출이 많아졌다고 하지만 유리 천장은 여전히 존재한다. 여성에 대한 혐오 범죄 또한 증가하고 있다. 스토킹 범죄는 많은 희생을 치루고 나서야 사회적 관심을 받기 시작했다. 한국 사회는 스토킹 범죄로 고통받고 있는 여성들을 돌보지 않았다. 우리는 여성에 대한 혐오가 살인으로 이어지는 경우까지도 목도해야만 했다. 미투(Me Too) 운동 등을 통해 시민 사회의 강력한 문제 제기가 있고 난 후에야 국회와 정부가 본격적으로 관심을 가지고 대응책을 마련하겠다고 나섰다. 하지만 여전히 많은 여성이 혐오와 차별의 범죄에 위협받고 있다고 하소연한다.

사실 그동안 한국 사회는 전반적으로 여성뿐만이 아니라 사회적 소수자 혹은 사회적 약자에 대한 관심이 미흡했고, 이는 교육 분야에서도 마찬가지였다. 다문화 교육과 세계 시민 교육 등이 이루어지면서 과거보다 개선되었다고 하지만 그 내용은 한국과 세계 사회에서 발생하는 사회적 소수자나 약자에 대한 혐오와 차별에 대응하기에 아직 역부족이다. 현재 한국 사회에는 많은 이주민이 살아가고 있다. 그들은 한국 사회 곳곳에서 중요한 역할을 하지만, 다양한 차별로 인해서 고통받고 있다. 평화·통일교육에는 북한 이탈 주민 이해를 위한 교육이 반드시 필요하다. 한국에 살고 있는 북한 이탈 주민의 수가 약 3만 3천여 명에 이름에도 불구하고, 여전히 적지 않은 북한 이탈 주민들이 차별을 경험한 적이 있다고 생각한다. 북한 이탈 주민과 남한 사람들의 마음을 통합하기 위해서는 북한 이탈 주민에 대한 차별과 선입견을 극복하기 위한 교육이 필요하다.

이 책에서는 '수학'과 '도덕' 수업에 성평등의 실현과 북한 이탈 주민 및 사회적 소수자에 대한 이해 교육을 실시해 보고자 했다. 특히 도덕에서는 사회적 소수자에 대한 이해를 넘어 갈등이 발생했을 때를 대비해 학습자가 스스로 평화적인 방법으로 갈등을 해결해 나가는 방법을 익힐 수 있는 갈등 해결 교육을 함께 제시했다. 지금까지 평화·통일교육은 한반도 문제에 천착함으로써 초등 교육부터 분단 문제에 관심을 기울이도록 했지만, 정작 삶의 문제에는 소홀했다. 또한 실용적이지도 못했다. 갈등 해결의 기술을 익히는 시간을 통해서 학생들이 평화·통일교육이 자신의 일상생활에도 필요한 교육이라는 점을 인지할 수 있기를 기대한다.

한반도에서 생태 평화 실현하기

한반도에서 생태 환경의 위기는 장기적으로 한반도의 평화를 위협하는 중요한 원인 가운데 하나이다. 북한이 자연재해를 겪는 이유 중 하나는 산림 훼손 때문이라는 분석이 있다. 또한 지구 온난화로 인한 피해는 한반도 역시 예외가 아니다. 한반도의 표면 온도가 지속적으로 높아지게 되면서 남북한의 농업과 생활 환경에도 변화가 발생하고 있다.

남북한은 이와 같은 문제를 해결하기 위해 경주해 왔다. 생태 환경 위기의 극복은 남북한이 공동으로 관심을 가지고 협력해 온 분야 가운데 하나이다. 군사·안보, 정치·외교 분야는 첨예한 이해관계의 대립과 이데올로기적 차이로 인해 대화가 이루어지는 데에도 오랜 시간이 걸리는 문제이지만, 본래 생태 환경의 위기는 분단도 이념도 있을 수 없는 문제란 점을 상기할 필요가 있다. 세계 사회는 때때로 삐걱대고 주춤하고 있지만, 기후 협약을 체결하고 탄소 배출을 줄이는 등 다양한 방법과 노력으로 미래에 닥칠 생태 환경의 위기를 대비하고 있다. 생태 환경의 위기는 지구촌 모든 국가에 직면한 문제이기에 국경, 이념, 인종, 민족이 따로 있을 수 없다. 그리고 문제 해결의 주체 역시 국가와 국제기구 그리고 몇몇 환경 단체 등에만 맡겨 놓을 수 없다. 지구촌에 살아가는 모든 시민들이 이 문제의 직접적인 이해 당사자라는 점을 감안하면, 세계 시민이 문제 해결의 주체가 되어야 한다. 세계 시민 사회의 연대와 협력이 필요한 이유이다. 마찬가지로 한반도의 생태 위기는 남북한 정부만의 문제가 아니라 남북한 사람들이 연대하고 협력해서 해결해 나가야 하는 문제이다. 이를 위해서는 우선 한반도의 생태 환경 위기의 현황과 대안을 고민하여 한반도에서 생태 평화를 실현할 수 있는 기회와 시간을 마련해야 한다.

'과학' 수업에서는 그림책을 통해 비무장 지대의 생태 환경을 살펴보는 시간을 마련했다. 또한 실과 수업에서는 한반도의 생태 위기를 극복하기 위한 노력의 일환으로 남북한에서 하고 있는 친환경 농법을 통해 살펴본다. 무엇보다 학습자와 교육자가 한반도의 영구적인 평화 정착을 위해 생태 평화가 실현되어야 한다는 점을 이해하는 것이 중요하다. 물론 이 책에서 다루고 있는 내용만으로는 부족하겠지만, 이것이 출발점이 되어 생태 평화에 대한 인식의 지평을 넓히는 출발점이 되어 주리라 기대한다.

서울교대 통일교육선도대학사업단

단장 윤철기

참고 자료 및 출처

준 146개국 중 99위… 소득 격차·고위직 '최하위권'〉, 《여성신문》, 2022. 7. 14. 참고

50쪽 원 그림 | 픽사베이(pixabay.com)

● 국어 그림책을 읽으며 평화를 상상해요

14쪽 《숨바꼭질》 앞표지 | 김정선 글·그림, 《숨바꼭질》, 사계절, 2018.

17, 20쪽 메모지, 생강 인형 그림 | 픽사베이(pixabay.com)

21쪽 《엄마에게》 앞표지 | 서진선 글·그림, 《엄마에게》, 보림, 2014.

● 도덕 움직이는 평정 척도 놀이로 갈등의 원인을 알아봐요

27, 29쪽 색연필, 메모지 그림 | 픽사베이(pixabay.com)

30쪽 《샌드위치 바꿔 먹기》 앞표지 | 켈리 디푸치오, 트리샤 투사 글·신형건 옮김, 《샌드위치 바꿔 먹기》, 보물창고, 2011.

31쪽 《이혜리와 리혜리》 앞표지 | 전현정 글·최정인 그림·국립통일교육원 기획, 《이혜리와 리혜리》, 주니어김영사, 2020.

● 사회 평화 기차로 미리 만나는 통일 한반도의 모습

38, 40쪽 편지지, 주사위 그림 | 픽사베이(pixabay.com)

43쪽 '통일 한반도 평화 여행' 보드게임 개발 배경 글 | 임형백, 〈한반도종단철도와 대륙횡단철도의 정치경제학〉, 《한국지역개발학회지》 31권 2호 통권 106집, 한국지역개발학회, 2019. 참고

● 수학 비율 그래프로 읽는 세상: 성평등

49~50쪽 성평등 순위 글 | 〈"계속되는 여성 권한 추락"… 韓 성평등 전 세계 15위, 4년째 하락〉, 《헤럴드경제》, 2022. 12. 16., 〈한국 성평등 수

● 과학 생태 평화를 지키기 위해 함께 노력해요

62쪽 생태 평화 글 | 조도순, 〈비무장지대(DMZ)의 생태적 가치와 국제자연보호지역〉, 《문화재》 52권 3월호, 국립문화재연구원, 2019, pp.272~287. 참고

64쪽 비무장 지대 이미지 | 위키미디어커먼즈(commons.wikimedia.org)

64쪽 메모지 그림 | 픽사베이(pixabay.com)

66~67쪽 그뤼네스 반트 글 | 〈반달가슴곰의 팩트 체크〉, 《어린이 과학동아》 12호, 2018.

68쪽 함께 읽으면 좋은 책 앞표지 |

① 《우리 곧 사라져요》, 이예숙, 노란상상, 2021.

② 《태어납니다 사라집니다》, 유미희 글·장선환 그림, 초록개구리, 2020.

③ 《멋진 하루》, 안신애, 고래뱃속, 2016.

④ 《서로를 보다》, 윤여림 글·이유정 그림, 낮은산, 2012.

⑤ 《오늘은 매랑 마주쳤어요》, 유현미·김아영, 키다리, 2022.

⑥ 《고마워 죽어 줘서》, 다니카와 슌타로 글·쓰카모토 야스시 그림·가노 후쿠미 옮김, 나린글, 2017.

● 실과 프로그래밍으로 배우는 친환경 농업

82쪽 유기 농업 글 |

① 통일부 블로그(blog.naver.com/gounikorea/222832487710) 참고

② 네이버 식물학 백과 '유기 농업'(terms.naver.com/entry.naver?cid=62861&docId=5782084&categoryId=62861) 참고

③ 네이버 학생 백과(terms.naver.com/entry.naver?cid=47334&docId=2060851&categoryId=47334) 참고

83쪽 오리 농법 글 |

① 괴산군 농업 기술 센터 누리집(www.goesan. go.kr/gsat/contents.do?key=1161) 참고

② 네이버 농식품 백과사전 '오리 농법'(terms. naver.com/entry.naver?cid=56755&docId=2834731&c ategoryId=56755) 참고

③ 네이버 강대인의 유기농 벼농사(terms.naver. com/entry.naver?cid=42889&docId=1686962&catego ryId=42889) 참고

84쪽 지렁이 농법 글 |

① 네이버 두산백과(terms.naver.com/entry.naver?cid =40942&docId=1226686&categoryId=31872) 참고

② 〈[요즘 북한은] "유익한 지렁이" … 유기농법·질병 치료에 이용 외〉, 《KBS 뉴스》, 2020. 9. 19. 참고

③ 정보화마을 장흥 우산지렁이마을(slowly.invil. org/index.html?menuno=573769&lnb=20300) 참고

85쪽 우렁이 농법 글 |

① 네이버 강대인의 유기농 벼농사(terms.naver. com/entry.naver?cid=42889&docId=1686968&catego ryId=42889) 참고

② 〈"우렁이 농법으로 건강·환경 지킵니다"〉, 《경남신문》, 2021. 6. 23. 참고

③ 〈[평양핫라인] 북한이 친환경 유기농을 장려하는 이유는?〉, 《MBC 뉴스》, 2020. 9. 25. 참고

● 체육 남과 북의 학생들이 함께 즐기는 운동회 종목 만들기

90~91쪽 여자 아이스하키 남북 단일팀 글 | 〈[영상 일기] '팀 코리아' 남북 단일팀 32일간의 특별한 여정〉, 비디오머그 유튜브 채널 참고

96쪽 북한의 운동회 날 글 | 〈[남과 북 이렇게 달라요] 맹물 상인까지 진 치는 北 운동회, 이날만은 부모님도 지갑 열어요〉, 《조선멤버스》, 2015. 10. 21. 참고

● 체육 평화 오징어 게임을 하며 평화를 생각해요

104쪽 메모지 | 픽사베이(pixabay.com)

110~111쪽 평화 축구 소개 글 | 국제평화축구코리아 사이트(f4pkorea.org) 참고

111쪽 《소리 질러, 운동장》 앞표지 | 진형민 글·이한솔 그림, 《소리 질러, 운동장》, 창비, 2015.

● 음악 모두 함께 평화의 노래를 따라 불러요

116~117쪽 윤이상, 윤이상 하우스 전경, 윤이상 음악 연구소, 윤이상 음악회 사진 | 윤이상 평화 재단(yunfoundation.org)

117쪽 윤이상 국제 콩쿠르 포스터 사진 | 윤이상 국제 콩쿠르(isangyuncompetition.org)

117쪽 《새 음악》 사진 | 〈윤이상·김영일 동요, 되살아났다〉, 《통영 한산신문》, 2006. 12. 15.

117쪽 뉘른베르크 극장 전경 사진 | 위키피디아(de. wikipedia.org)

117쪽 《윤이상, 상처 입은 용》 앞표지 | 윤이상, 루이제 린저 지음, 《윤이상, 상처 입은 용》, 알에이치코리아, 2017.

118쪽 〈졸업하는 날〉 악보 | 저작권 윤이상 평화 재단, 편곡 이경진(백석 예술 대학교 실용 음악과 졸업, 서울 예술 대학교 실용음악과 재학 중, 2021 단국 대학교 정기 영화제 DUFF 참여, CCM 앨범 《String》 편곡

126쪽 《윤이상의 몽당연필》 앞표지 | 안성훈 글·이지후 그림, 밝은미래, 2019.

126쪽 〈자유와 평화의 두 날개로 날아오르는 나비의 시간 여행〉 글 | 교육부 통통 평화 학교 누리집(tongil.moe.go.kr)

● 영어 우리 반 평화 인물 지도를 만들어 봐요

139~141쪽 마하트마 간디, 넬슨 만델라, 말랄라 유사프자이, 그레타 툰베리 이미지 | 위키미디어커먼즈(commons.wikimedia.org)

교실에서 평화 시민 되기
초등 교사를 위한 평화·통일교육 10피스

초판 1쇄 발행 2022년 12월 30일

지은이 • 윤철기 간우연 김햇살 김혜린 신혜선 심은보 유혜정 이지우 정서영 조성민 최혜림
기획 • 서울교대 통일교육선도대학사업단
펴낸이 • 강일우
편집 • 김은주 소인정
조판 • 이주니
펴낸곳 • (주)창비교육
등록 • 2014년 6월 20일 제2014-000183호
주소 • 04004 서울특별시 마포구 월드컵로12길 7
전화 • 1833-7247
팩스 • 영업 070-4838-4938 / 편집 02-6949-0953
홈페이지 • www.changbiedu.com
전자우편 • contents@changbi.com

ⓒ 윤철기 간우연 김햇살 김혜린 신혜선 심은보 유혜정 이지우 정서영 조성민 최혜림 2022
ISBN 979-11-6570-181-9 03370

39쪽 '한반도 평화 여행' 보드게임하기 : 게임판

평화 지속
통일 한반도 평화를 위해 2평화를 기부하세요. 게임이 끝난 후 평화 소득으로 합산합니다.

나진
이사 조건: 7 평화
요행 조건: 2 평화
통과 조건: 5 평화
건주인 ( )

대구
이사 조건: 7 평화
요행 조건: 3 평화
통과 조건: 5 평화
건주인 ( )

신의주
이사 조건: 7 평화
요행 조건: 2 평화
통과 조건: 4 평화
건주인 ( )

평화 쉼터
쉼터에서 한 차례 쉬어 가세요.

강릉
이사 조건: 8 평화
요행 조건: 2 평화
통과 조건: 5 평화
건주인 ( )

평양
이사 조건: 8 평화
요행 조건: 3 평화
통과 조건: 5 평화
건주인 ( )

평화 씨앗

서울
이사 조건: 9 평화
요행 조건: 3 평화
통과 조건: 6 평화
건주인 ( )

한반도 평화 여행

평화 씨앗

목포
이사 조건: 5 평화
요행 조건: 2 평화
통과 조건: 3 평화
건주인 ( )

개성
이사 조건: 6 평화
요행 조건: 2 평화
통과 조건: 4 평화
건주인 ( )

출발

부산
이사 조건: 5 평화
요행 조건: 1 평화
통과 조건: 2 평화
건주인 ( )

러시아(하산)
이사 조건: 9 평화
요행 조건: 3 평화
통과 조건: 8 평화
건주인 ( )

일본(하카타)
이사 조건: 10 평화
요행 조건: 5 평화
통과 조건: 7 평화
건주인 ( )

중국(훈춘)
이사 조건: 9 평화
요행 조건: 4 평화
통과 조건: 6 평화
건주인 ( )

순간 이동
다음 차례에 원하는 곳으로 갈 수 있어요.

40쪽 '한반도 평화 여행' 보드게임하기 : 여권

통과 조건	가고 싶은 곳	
여행 조건	[ ]에 가고 싶은 이유	
이사 조건	[ ]에서 살게 되면 하고 싶은 일	

통과 조건	가고 싶은 곳	
여행 조건	[ ]에 가고 싶은 이유	
이사 조건	[ ]에서 살게 되면 하고 싶은 일	

통과 조건	가고 싶은 곳	
여행 조건	[ ]에 가고 싶은 이유	
이사 조건	[ ]에서 살게 되면 하고 싶은 일	

통과 조건	가고 싶은 곳	
여행 조건	[ ]에 가고 싶은 이유	
이사 조건	[ ]에서 살게 되면 하고 싶은 일	

통과 조건	가고 싶은 곳	
여행 조건	[ ]에 가고 싶은 이유	
이사 조건	[ ]에서 살게 되면 하고 싶은 일	

통과 조건	가고 싶은 곳	
여행 조건	[ ]에 가고 싶은 이유	
이사 조건	[ ]에서 살게 되면 하고 싶은 일	

'한반도 평화 여행' 보드게임하기 : 화폐

Bank of United Korea 5 평화 통일 한반도 은행	Bank of United Korea 5 평화 통일 한반도 은행	Bank of United Korea 5 평화 통일 한반도 은행
Bank of United Korea 5 평화 통일 한반도 은행	Bank of United Korea 5 평화 통일 한반도 은행	Bank of United Korea 1 평화 통일 한반도 은행
Bank of United Korea 1 평화 통일 한반도 은행	Bank of United Korea 1 평화 통일 한반도 은행	Bank of United Korea 1 평화 통일 한반도 은행
Bank of United Korea 1 평화 통일 한반도 은행	Bank of United Korea 1 평화 통일 한반도 은행	Bank of United Korea 1 평화 통일 한반도 은행
Bank of United Korea 1 평화 통일 한반도 은행	Bank of United Korea 1 평화 통일 한반도 은행	Bank of United Korea 1 평화 통일 한반도 은행

40쪽 **'한반도 평화 여행' 보드게임하기 : 평화 씨앗 카드, 말**

평화 씨앗	평화 씨앗	평화 씨앗
평화 쉼터 탈출권	출발 칸으로 이동	순간 이동 칸으로 이동
평화 씨앗	평화 씨앗	평화 씨앗
여행 요금 1회 면제권	뒤로 다섯 칸 이동	이사 요금 50% 할인권
평화 씨앗	평화 씨앗	평화 씨앗
평화 저축 기부금 내기	통과 요금 1회 면제권	앞으로 세 칸 이동

풀칠			
풀칠		빨강 씨앗	
풀칠		노랑 씨앗	
풀칠		초록 씨앗	
풀칠		파랑 씨앗	

생활 속 경험 나누기: 차이 카드

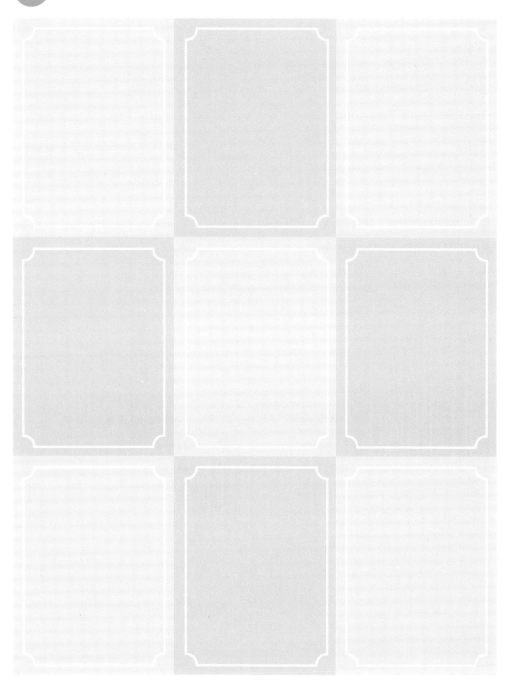

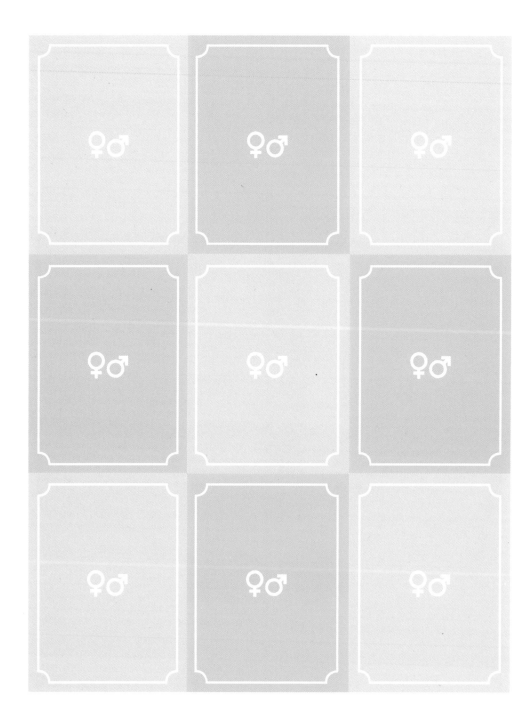

53쪽 **카드 뉴스 제작하기: 나만의 카드 뉴스**

65쪽 생태 평화 말판 놀이: 말판

 시 작

공룡처럼 지구에 살았지만 더 이상 볼 수 없는 상태는?

《비무장 지대에 봄이 오면》에서 할아버지가 고향에 갈 수 없던 이유는?

 -1칸

적대국 간의 군사적 부딪힘을 막기 위해 군사 활동이 허락되지 않는 지역은?

주로 물가에 있는 갈대 둥지나 바위틈에 살며 수염으로 먹이를 찾는 비무장 지대의 멸종 위기종은?

 처음으로

모든 생물종 간에 존엄과 평등, 생존할 권리, 우월함이 없는 평등한 상태는?

 1번 쉬세요

《비무장 지대에 봄이 오면》에 나오는 동식물 한 가지 말하기

생태 평화와 반대되는 개념은?

가위, 바위, 보 이기면 이 자리에, 지면 뒤로 2칸

전 세계적으로 뛰어난 생태계를 대상으로 유네스코가 지정·관리하는 지역은?

험한 산지에 살고, 발굽이 튼튼해 가파른 절벽도 잘 뛰어다니는 비무장 지대의 멸종 위기종은?

생태 평화가 중요한 이유 말하기

 +2칸

통일 후 비무장 지대의 모습은 어떨지 한 가지 말하기

 -2칸

비무장 지대의 영어 약자는?

선생님과 가위바위보 이기면 사탕, 지면 뒤로 1칸

한반도의 생태 평화를 위협하는 요인 말하기

 1번 쉬세요.

한반도의 생태 평화를 이루기 위해 우리가 할 수 있는 일 한 가지 말하기

도 착

환경 분야의 교류와 협력으로 평화를 이룩한 다른 나라의 사례 한 가지 말하기

숲이나 동굴, 바위틈에 살며 발가락에 물갈퀴가 있어 수영을 잘하는 비무장 지대의 멸종 위기종은?

 +2칸

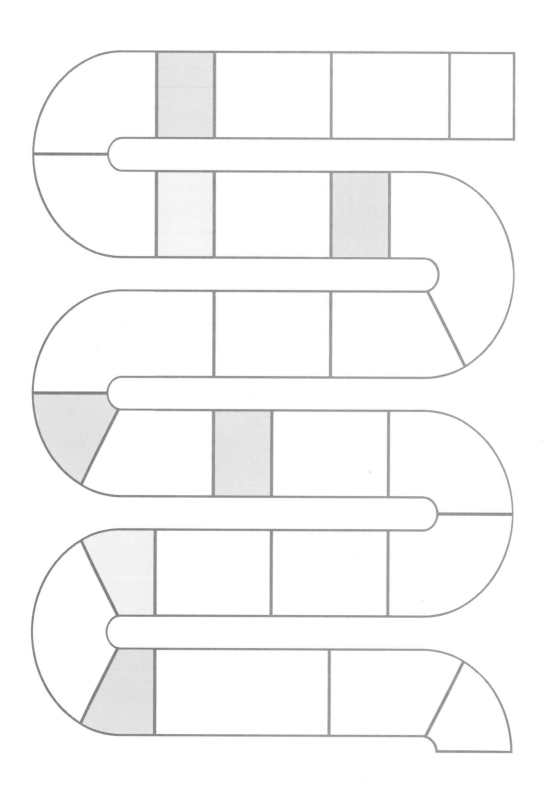

'평화 오징어 게임' 놀이 만들기: 우리 반 평화 오징어 게임

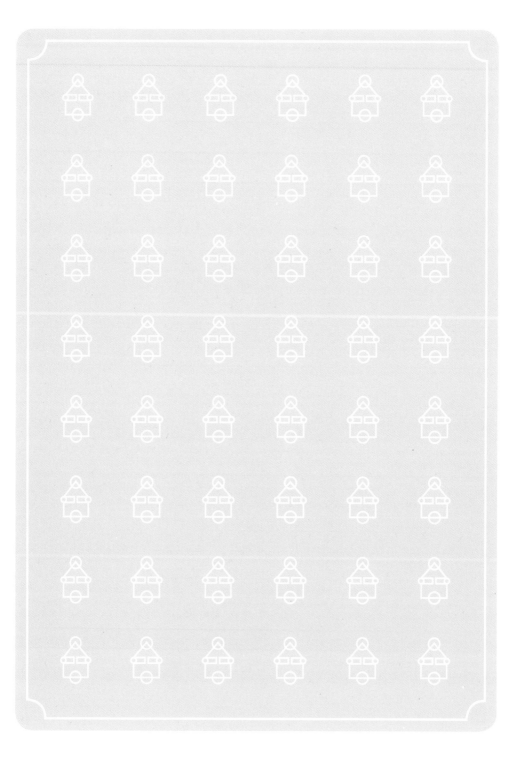